Gedanken

eines

Rastlosen

Timo Schöber

Gedanken eines Rastlosen

Vom Streben nach geglaubtem Wissen

Danksagung

Der menschliche Wille, in all seinem Schlechten,
versucht stets das Gute, Liebe und Reine zu knechten,
doch danke ich Gott für sein himmlisch-göttliches Streben,
den Menschen zu zeigen, was bedeutet ein besseres Leben.

Ich danke dem Hamster (meiner liebsten Mutter), dem Seebären (meinem liebsten Vater), Anne, Kathrin, meiner Familie, meinen besten Freunden, meiner Definition des dreieinigen Gottes und der kleinen Olivia.

Herstellung und Verlag: Books on Demand GmbH, Norderstedt

ISBN: 978-3-8391-4056-7

Inhalt

Die Nebenkapitel

Weitere Informationen

Krieg, Folter und Qual regieren die menschliche Welt,
Liebe und Freundschaft scheinen ferner wichtig als Geld,
drum soll der Mensch erkennen die Zeichen der Zeit,
und sich machen zum fundamentalen Wandel bereit.

Vorwort

Der Volksmund sagt, dass die Zeit alle Wunden heilt. So vergeht der Liebeskummer mit der Zeit und nach zahllosen schlaflosen Nächten. Enttäuschungen und Bloßstellungen werden nach und nach vergessen und auch die allseits bekannte Leere nach einem psychologischen Trauma vergeht in den meisten Fällen irgendwann – zumindest größtenteils.

Ein solcher Heilungsprozess benötigt in der Regel nur zwei Dinge: Eine lange Phase des intensiven Nachdenkens und der gefühlvollen Auseinandersetzung mit der Thematik und liebevolle Gespräche mit einer vertrauten Person. Ansonsten verheißt das Sprichwort, dass alleine die Zeit, selbst innerhalb einer Stagnation, Wunden zu heilen vermag.

Wie sieht es aber mit der wichtigsten und entscheidenden Wunde des menschlichen Strebens aus? Können wir unsere Unvollkommenheit, die in einem großen Maße aus unbeantworteten Fragen der Wegfindung besteht, wirklich nur dadurch heilen, indem wir (gefühlvoll) denken, sprechen und ansonsten untätig bleiben? Wäre nicht eine nüchterne Behandlung der elementaren Themen und Fragen des Menschseins das, was uns zu höheren Sphären des Daseins befördern könnte?

Viele Philosophen beschäftigen sich seit vielen tausend Jahren mit derartigen und anderen Fragestellungen. Wer sind wir? Was ist Existenz? Wo gehen wir hin? Woher kommen wir? Was ist Gott? Gibt es einen Gott? Was ist das „Ich“? Warum leben wir?

Einige dieser Fragen sind für einen Menschen wohl schlicht und einfach nicht zu beantworten, anderen werde ich in diesem Buch gezielt auf den Zahn fühlen.

Ich werde nicht nur das wiedergeben, was Philosophen, Theologen, Naturwissenschaftler etc. herausgefunden haben – Derartiges ließe sich problemlos in jeder guten Bibliothek nachlesen – sondern ich werde vorhandenes Wissen weiterentwickeln, relativieren oder unterstützen.

Neben philosophischen Fragenstellungen werde ich mich in diesem Buch auch mit unmittelbareren und lebensnäheren Problemen beschäftigen, welche einer genaueren Behandlung bedürfen.

So werde ich mich mit sozial-politischen, wirtschaftlichen, staatsgebundenen, wissenschaftlichen, religiösen und einer Vielzahl von anderen Problemstellungen auseinandersetzen, die den Menschen nicht nur unmittelbar beeinflussen, sondern auch den fundamentalen Rahmen des menschlichen Handels bestimmen.

Besonders wichtig ist es hierbei, wie auch bei philosophischen Theorien, dass ebenfalls auf einen historischen Zusammenhang, also insbesondere auf den Werdegang von Ideen, geachtet und verwiesen wird. Ich werde also auch regelmäßig aufzeigen, wie sich bestimmte Theorien, Sachverhalte, etc. entwickelt haben und warum die Welt in einigen ihrer Facetten ist, wie sie ist.

Ich werde, weil ich den Rahmen dieses Buches nicht sprengen möchte, an einigen Stellen auf andere Bücher verweisen, wenn sich der Leser mit einer bestimmten Materie etwas genauer befassen möchte. Ansonsten gilt, dass ich versuchen werde, auch komplexe Sachverhalte in möglichst einfacher Sprache zu beschreiben, damit wirklich jeder die Chance hat meinen Ausführungen folgen zu können. Das ist auch der Grund, weswegen ich einige Sachverhalte nicht in allen Einzelheiten beschreiben und viele Themengebiete nur an den für dieses Buch relevanten Stellen „ankratzen" werde.

Abschließend möchte ich noch ein paar Worte über den von mir gewählten Weg der Veröffentlichung verlieren. Ursprünglich hatte ich vor die Kernkapitel dieses Buches auf herkömmlichem Wege bei einem klassischen Verlag zu veröffentlichen. Eine Publikation über einen Druckkostenzuschussverlag kam aus Qualitäts- und Marketinggründen nicht infrage. Außerdem würde eine derartige Veröffentlichung diesem Werk und meinem Anspruch als Autor nicht gerecht werden.

Ich entschloss mich schließlich aus folgenden Gründen zu einer Publikation über einen Print-on-demand Dienst, obwohl ich wusste, dass vier klassische Verlage Interesse an meinem Manuskript haben könnten:
Erstens würde ich eventuelle, aber nicht sehr wahrscheinliche, mit der Zeit notwendige Änderungen am Buch vor-

nehmen können, ohne, dass noch eine gedruckte Auflage im Verkauf liegen würde. So würde ich Buchinteressenten den Kauf eines veralteten Buches ersparen. Zweitens würde ich die Möglichkeit dazu haben, jederzeit den Verkauf meines Buches stoppen zu können, wenn z.B. rechtliche Probleme auftauchen sollten und drittens könnte ich das Marketing bezüglich meines Buchprojektes flexibler gestalten. Am wichtigsten war aber: Das Copyright würde so bei mir bleiben.

Die Thesen und Ideen in diesem Buch, die von mir stammen, habe ich in der Zeit von 1995 bis einschließlich 2009 entwickelt.

Ich wünsche dem Leser viel Freude und vor allem nachdenkliche Stunden beim Lesen dieses Buches!

Rechtlicher Hinweis: Alle Parallelen in diesem Buch zu real existierenden Menschen, Organisationen, Werken, etc. sind rein zufällig. Diese Menschen, Organisationen, Werke, etc. sind fiktiv und beziehen sich nicht auf die Realität.

Haftungsausschluss: Die Inhalte dieser Publikation wurden sorgfältig recherchiert, aber dennoch haftet der Autor nicht für die Folgen von Irrtümern, mit denen der vorliegende Text behaftet sein könnte.
Der Autor dieses Buches übernimmt keinerlei Verantwortung für die Benutzung der Internetseite www.bod.de.

Die Hauptkapitel

To be or not to be – that is the question

Was ist Existenz?

Vermutlich im April des Jahres 1564 wird in der zentralenglischen Grafschaft Warwickshire ein vielversprechender junger Mann geboren. Sein Name lautet William und er sollte sich zu einem der wichtigsten Dramatiker der Weltliteratur mausern. Das würde einen Philosophen erst einmal nur peripher interessieren, allerdings hat eben dieser William Shakespeare in seinem Stück *Hamlet* einen Satz geprägt, der wie kein anderer eine der wichtigsten Menschheitsfragen aufgreift:

„To be, or not to be – that is the question."

Übersetzt ins Deutsche bedeutet dies:
„Sein oder Nichtsein, das ist hier die Frage."

Tatsächlich ist das die Frage, welche die Menschen im Kern ihres Seins, oder eben auch Nichtseins, beschäftigen sollte. Zwar sprach der Protagonist Hamlet in seinem Monolog in einem anderen Zusammenhang über diese Frage, als es die Philosophie unmittelbar tun würde, aber dennoch ist dieser eine Satz so einfach, wie er genial ist.

Beginnen möchte ich mit den Grundlagen der philosophischen Existenzlehre, bevor ich meine eigene Theorie erörtern werde.
Übersetzt bedeutet der Begriff „Existenz“ aus dem Lateinischen kommend (existentia) Dasein. Allerdings reicht eine derart einfache Handhabung des Begriffes nicht aus, wenn man sich mit der tatsächlichen Existenzphilosophie beschäftigen möchte, die sich in der Regel nur mit dem menschlichen Dasein auseinandersetzt.

Die Existenzphilosophie gibt es schon seit dem 4. Jahrhundert. Hier hat der Römer Marius Victorinus die Begriffe Existentia (Vorhandensein) und Essentia (Wesen) gegenübergestellt und elementar unterschieden.

Im selben Jahrhundert wie Shakespeare wurde dann der Philosoph geboren, der die Existenzphilosophie entscheidend vorantreiben sollte. Der französische Philosoph Renè Descartes wird in eine wohlhabende Familie geboren, die ihren Sitz im zentral-westlichen Frankreich hat. Durch den frühen Tod seiner leiblichen Mutter und anderweitigen Interessen seines Vaters, gelangte der junge Renè als Halbwaise zu seiner Großmutter, die in seiner Erziehung durch ein Kindermädchen unterstützt wurde. Nach seiner erfolgreich abgeschlossenen Internatszeit, begann er unweit seiner Geburtsstadt in Poitiers ein Studium der Rechtswissenschaften, das er im Jahre 1616 mit einem Examen abschloss.

Anstatt aber eine vielversprechende juristische Karriere zu starten, ließ sich Descartes in Paris in Kampftechniken und gutem Benehmen unterrichten. Das Jahr 1618 sollte schließlich den Beginn einer der blutigsten Epochen der Menschheitsgeschichte, wieder einmal begründet durch religiösen Wahn, bilden. Renè entschloss sich schließlich zu einem Leben als Soldat. Er diente unter verschiedenen Feldherren und traf dort unter anderem den Naturforscher Isaac Beeckman, der ihm die Vorzüge der Naturwissenschaften darlegte.

Nachdem Descartes an einigen Feldzügen des Dreißigjährigen Krieges beteiligt gewesen war, widmete er sich ab dem Jahr 1619 der Suche nach einer universellen Methode zur Findung der Wahrheit, nachdem er unter anderem gesehen hatte, wie der etablierte Astronom Johannes Kepler arbeitete. Die Idee war, dass es doch eine Möglichkeit geben müsse, die Wahrheit wissenschaftlich objektiv darstellen zu können.

Angeblich empfing Descartes im selben Jahr drei Visionen von der Jungfrau Maria, die im Jahre 1620 schließlich dafür sorgten, dass er nicht mehr als Söldner arbeiten wollte. Er quittierte seinen Dienst und unternahm mehrere Reisen, darunter auch Pilgerfahrten. Vor allem aber wollte Descartes durch diese Reisen viele neue Menschen und auch viele andere Gelehrte kennenlernen.

Schließlich ließ er sich in Paris nieder. Zu jener Zeit war Paris die wohl wichtigste Metropole der Welt und durch seine Intelligenz war es für Descartes ein Leichtes, in den feineren Schichten der wachsenden Stadt zu verkehren. Schließlich hatte er sich in den Schichten von Paris so weit nach oben gearbeitet, dass ihn der mächtige Geistliche Pierre de Bèrulle dazu aufforderte, seine philosophischen Theorien in der Welt zu verkünden.

Der Startschuss für einige der größten philosophischen Werke der Menschheitsgeschichte war gefallen. Schließlich zog sich Descartes 1630 in die Niederlande zurück, um in aller Ruhe und Abgeschiedenheit an seinen Werken und Ideen arbeiten zu können.

In den folgenden Jahren arbeitete Descartes an vielen Werken, allen voran dem *Discours de la mèthode*, welcher unter anderem durch das Verfahren der Katholischen Kirche mit dem Wissenschaftler Galileo Galilei inspiriert wurde.

Sein für dieses Buch interessantes Werk entstand im Jahre 1641 und heißt *Meditationes de prima philosophia*, in welchem der berühmte Ausdruck „cogito ergo sum“ beschrieben wurde.

Ins Deutsche übersetzt bedeutet dieser Satz: „Ich denke, also bin ich.“ So wird das menschliche Dasein dadurch begründet, dass der Mensch denkt und somit auch existieren müsse. Gemeint ist hiermit in erster Linie die objektive Wahrnehmung der Welt durch den menschlichen Verstand, was den Menschen deutlich von den Tieren unterscheide. Diese Form des rationalen Denkens und der verstand-orientierten Philosophie (Rationalismus) hat die Welt der Philosophie im 17. Jahrhundert auf den Kopf gestellt und gilt als der klassische Gegenpart zum Empirismus (die sinnliche Wahrnehmung der Welt, vgl. John Locke: *An Essay concerning Humane Understanding*).

Zwar veränderten sich metaphysische Ideen und Werte, aber der Satz „Ich denke, also bin ich.“ Blieb in den Köpfen der philosophischen Welt haften. Auch kommende Denker, wie z.B. Immanuel Kant (*Kritik der reinen Vernunft*) und Jean-Paul Sartre (vereinfacht: Ich handle, also bin ich), vermochten den Satz zwar einzugrenzen oder zu umschiffen, aber an den fundamentalen Grundsätzen von Descartes änderte sich glaubwürdig nichts.

Neben dem Rationalismus und dem Empirismus existiert auch noch eine dritte philosophische Säule: Der Skeptizismus.
Schon in der Antike erkannten einige Menschen, allen voran der griechische Philosoph Pyrrhon von Elis, dass berechtigte Zweifel an der wahrhaftigen Erkenntnis alleine schon dadurch gegeben sind, weil der Mensch eben nur ein Mensch und somit in seiner Auffassungsgabe beschränkt ist.

Wie Immanuel Kant schon richtig schrieb, sind Gedanken ohne Inhalt leer und Anschauungen ohne Begriffe blind – was in gewisser Weise eine Aussöhnung zwischen Rationalisten und empiristischen Philosophen fördern sollte. Außerdem beschrieb Kant auch richtig, dass der Mensch eben seine menschlichen Gedanken denkt und sich so *seine* Welt schafft.

Der Mensch erdenkt sich also keine objektiv richtige Wirklichkeit, wobei kein objektiver Indikator für „richtig“ vorhanden ist, sondern eine subjektive, menschlich beschränkte Welt. Dennoch bleibt Kant sich und der Welt die letzte Konsequenz seiner Überlegungen schuldig, wenn er vom Unterschied von Wissen und Glauben (Kant'scher Gottesbeweis) spricht und gleichzeitig eine grundlegende Beschränktheit des Menschseins feststellt. Aber dazu mehr in der von mir entwickelten Theorie.

An dieser Stelle möchte ich meine eigene Idee bezüglich der Existenzphilosophie kundtun, weil die Grundpfeiler, die mich zu meinen Überlegungen geführt haben, nun erörtert und in einen historischen Zusammenhang gebracht worden sind.

Der fundamentale Fehler, welchen Kant und viele andere Philosophen (Ausnahmen vor allem unter den Skeptikern) begangen haben, ist, dass sie zwar das beschränkte Wissen der Menschheit erkannt haben, aber diese (vermeintliche) Erkenntnis nicht oder nur sehr unzureichend auf ihre eigenen Theorien und Gedanken münzen.

Weiter muss in der Philosophie endlich genauer zwischen den Begriffen „Existenz“ und „Essenz“ unterschieden werden. Die Existenz als menschliches Dasein zu definieren ist völlig unzureichend.

Genau an dieser Stelle setzen meine eigenen existenzphilosophischen Theorien an. Zum einen möchte ich den Begriff der Existenz in der Philosophie neu definieren, außerdem eine Definition des Menschseins erörtern und weiter in letzter Konsequenz auf einen erzskeptischen Umstand hinweisen, der in der Philosophie so noch nie ausreichend Erwähnung gefunden hat.

Nennen möchte ich diese Ideen „Die vier Schöber’schen Regeln einer menschlich-geprägten Seinlehre“. Diese Regeln sollen die Grundpfeiler für alle weiterführenden und schon erwähnten Gedanken sein, die ich in diesem Buch niedergeschrieben habe.

1. Das Theorem des Seins. Die Begriffe „Sein“ und „Existenz“ sind explizit zu trennen. So definiert das Sein die Essenz eines Lebewesens und die Existenz lediglich das Vorhandensein irgendeines Dinges. Hinzu kommt beim Sein noch ein weiterer Faktor, der das allgemeine Sein vom menschlichen Sein unterscheidet – aber dazu mehr im zweiten Theorem. Es ist also von entscheidender Bedeutung, dass man in der Philosophie über das „Sein oder Nichtsein“ diskutiert und nicht über die „Existenz oder Nichtexistenz“.
2. Das Theorem des menschlichen Seins. Der Gedanke „cogito ergo sum“ muss um einen entscheidenden Teil erweitert werden, wenn man über das menschliche Sein spricht. Es ist nämlich unzureichend den Menschen rein durch seine biologische Zusammengehörigkeit als Art zu definieren. Vielmehr muss man den rein biologischen Begriff des homo sapiens von dem philosophischen und auch theologischen Menschenbegriff unterscheiden. Das, was den Menschen menschlich werden lässt, ist die Fähigkeit zum umfangreich reflektierten Denken, ein ausgeprägtes Selbstbewusstsein und die Fähigkeit zur Kontrolle und Wahrnehmung von komplexen Gefühlen. Hier ist der Begriff „Gefühle“ von dem Begriff „Emotion“ zu unterschieden, der nur die biologisch notwendigen Regungen, wie z.B. Angst, beschreibt und nicht etwa komplexe Gefühle und Eigenschaften, wie z.B. Großmut oder Selbstlosigkeit. „Umfangreich reflektiert“ bedeutet, dass Menschen dazu in der Lage sind, die Konsequenzen ihrer eigenen Handlungen und das eigene Selbstbewusstsein abzu-

schätzen und in geordnete Bahnen – angepasst an Umwelteinflüsse – zu lenken.
Ferner ist nur das menschlich, was dazu in der Lage ist, Gefühle in einem gewissen Ausmaß zu kontrollieren, um höhere Ziele, wie z.B. eine funktionierende Gemeinschaft, erreichen oder unterstützen zu können.

3. Das Theorem der allgemeinen Beschränktheit. Jede irdische Existenz – ob das menschliche Sein, tierisch, sachlich, pflanzlich, etc. – ist in ihrem Umfang und in ihrer Fähigkeit zu handeln und zu denken, durch den Umstand keiner greifbaren Allmacht und das Ausbleiben irdischen Universalwissens, beschränkt.
4. Das Theorem der Unwissenheit. Nichts Weltliches kann Wissen erlangen, weil alles, was wir zu wissen glauben, nichts weiter ist, als geglaubtes Wissen. Es richtet sich jede Erkenntnis, jeder Gedanke, jede Idee, jede Theorie usw. an vorgefertigten Rahmen aus, aus welchen das Weltliche aufgrund der irdischen Beschränktheit nicht ausbrechen kann. So ist das, was einem Menschen einfällt, schlussendlich immer etwas Menschliches – nicht mehr und nicht weniger. Das, was wir als Wissen definieren ist ergo nichts weiter, als das, was wir als Rahmen unserer derzeitigen Möglichkeiten für unser eigenes Tun definiert haben. Jede Existenz – und in einem besonderen Maße das menschliche Sein – wird also zweifach beschränkt und bleibt durch diese Beschränktheit im Unwissen. Einerseits gilt der Rahmen der irdischen Beschränktheit und andererseits der Rahmen, den wir durch das schaffen, was wir zu wissen glauben.

> Dennoch ist unser Wissen nichts weiter als Glauben – von unserem tatsächlich als Glauben wahrgenommenen Glauben ganz zu schweigen.

In letzter Konsequenz bleibe ich der Welt natürlich nicht die Anwendung meiner eigenen Theorien, auf meine eigenen Theorien schuldig. Sollte es eine objektive Wahrheit geben, die ich aufgrund meiner Beschränktheit an dieser Stelle nicht weiter beschreiben kann, dann glaube ich zu wissen, dass Folgendes gilt:

1. Sollte meine Seinlehre richtig sein, dann gilt, dass sie aufgrund meiner eigenen Beschränktheit auch falsch sein könnte.
2. Sollte meine Seinlehre falsch sein, dann gilt, dass sie aufgrund der menschlichen Beschränktheit und der menschlichen Erkenntnis beziehungsweise Bewertung, als richtig (oder falsch) wahrgenommen werden könnte.
3. Außerdem gilt, dass es noch viele weitere Möglichkeiten geben könnte, und, dass ich aufgrund meiner eigenen Beschränktheit bezüglich der Wahrhaftigkeit von Theorien nur zwei Pole und einige Grautöne als Index zur Bewertung anwenden kann.

Ich bitte diese Theorie beim Fortlesen des Buches zu berücksichtigen.

Außerdem möchte ich klarstellen, dass die Weiterentwicklung der biologischen Definition des homo sapiens hin zum homo sapiens sapiens (moderner Mensch) keinesfalls ausreicht, um den von mir geschilderten Umständen gerecht zu werden.

Sollte der Leser sich weiter in die Thematik hineinlesen wollen, dann empfehle ich einen Blick in die Literaturhinweise – was für alle Kapitel dieses Buches gilt.

Drum prüfe, wer sich ewig bindet

Gibt es einen Gott?

Wir schreiben das Jahr 1033. In einer kleinen Gemeinde im Norden Italiens wird ein Junge geboren, der die theologische Denke der Zeit maßgeblich beeinflussen sollte. Als Sohn eines einflussreichen Vaters leidet der junge Anselm schon früh unter dem Druck seitens des Elternhauses. Er soll seinem Vater Ehre und als gewandter Politiker Karriere machen. Zum Glück für die theologische Entwicklung in Mitteleuropa sollte es anders kommen.

Nach vielerlei Hin und Her entscheidet sich Anselm für ein Leben als Theologe und tritt schließlich der Abtei im französischen Le Bec bei. Trotz seines offensichtlich genialen Charakters und seiner beeindruckenden Auffassungsgabe, hindern ihn über einen langen Zeitraum die kirchlich-politischen Umstände der Zeit daran, eine der wohl bedeutendsten Karrieren des 11. Jahrhunderts zu starten.

Vier Jahre nach dem Tod des Lanfrancs von Bec wird Anselm in Canterbury im Jahre 1093 sein Nachfolger als Erzbischof. Der Sohn des kriegssüchtigen William the Conquerer, Wilhelm II. von England, hatte ihm zunächst den Titel verweigert – wie sich rausstellen sollte, lag

Wilhelm nicht falsch mit seiner Einschätzung, dass der aufstrebende Anselm für ihn problematisch werden könnte.

In den folgenden vier Jahren trugen Wilhelm und Anselm den Investiturstreit aus, in welchem es primär darum ging, welche Macht auf Erden bedeutender war – die weltliche oder die geistliche. Auslöser für diese Streitigkeiten waren einige Jahre zuvor vor allem die Handhabung der europäischen Adligen bezüglich der Bischofsweihe (vgl. Laieninvestitur), der Umgang vor allem der deutschen Könige mit dem Papst (vgl. Der Gang nach Canossa) und der Umgang der weltlichen Herrscher mit Kircheneigentum (vgl. Simonie).

Die Streitigkeiten sorgten dafür, dass Anselm sich im Jahre 1097 dazu gezwungen sah, nach Rom zu reisen um die Kirche um Hilfe zu bitten. Sein Bittgesuch wurde zwar angehört, aber nur sehr unzureichend umgesetzt. Anselm wollte zurück nach England, was ihm Wilhelm allerdings verweigerte. Erst im Jahr 1100, kurz nach Wilhelms Tod, konnte Anselm wieder in England einreisen, nachdem er bis dahin im französischen Exil gelebt hatte. Im Jahr 1103 wurde er von Wilhelms Nachfolger erneut für vier Jahre ins Exil geschickt. Schließlich starb eine der größten und wichtigsten theologischen Persönlichkeiten 1109 im englischen Canterbury.

Diesem bewegten Leben, mit all seinen Höhen und Tiefen, entstammt eine der bedeutendsten philosophischen Ideen des Mittelalters: Der ontologische Gottesbeweis.

Die Kernaussage dieser Theorie ist, dass es etwas Größeres als Gott nicht geben könne. Gott sei das, worüber hinaus Größeres nicht gedacht werden kann. Anselm formulierte den weltberühmten Satz „id, quo maius cogitari non potest“. Dieser einfache Satz ist das Fundament dessen, was die Thematik der Gottesbeweise bis ins 18. Jahrhundert mitbestimmen sollte.

Neben Kritikern dieses Ansatzes, wie z.B. Thomas von Aquin (vgl. *Summa theologica*), tat sich vor allem der bereits in diesem Buch erwähnte Renè Descartes als großer Kritiker und zugleich Weiterentwickler des ontologischen Gottesbeweises hervor.

Besonders entscheidend für die Weiterentwicklung dieses fundierten Gottesbeweises war, dass Descartes festgestellt hat, dass die Ursache einer Wirkung niemals weniger vollkommen sein kann, als eben diese Wirkung. Daraus folgerte er, dass die menschliche Vorstellung eines vollkommenen Gottes, dessen Perfektion den Zustand der Realität weit übertraf, der größte Beweis für die Existenz Gottes sei.

Offensichtlich fehlerhaft wird diese Theorie erst dadurch, dass Descartes behauptet, dass ein vollkommenes Wesen nicht dazu in der Lage sei, bewusst Fehler zu begehen – und genau an ähnlicher Stelle setzt auch die Kritik von Immanuel Kant an.

Kant hat deutlich gemacht, dass alles menschliche Denken gewissen Grenzen unterliegt. So muss die menschliche Definition von „vollkommen“ keineswegs dessen

entsprechen, was von Descartes als vollkommenes (göttliches) Wesen vorausgesetzt worden ist. Die Selbstverständlichkeit, mit welcher Descartes Gott als vollkommen voraussetzt ist sein größter Fehler. Auch Friedrich Nietzsche hatte erkannt, dass die von Descartes gesäten Zweifel völlig ohne Voraussetzungen erfolgt und somit fehlerhaft sind.
Alle bisherigen Versuche Gott zu beweisen schienen gescheitert.

Am 27. Dezember des Jahres 1831 stach die HMS Beagle in See. An Bord befand sich ein junger Naturforscher namens Charles Darwin. Es sollten in den folgenden Jahren einige der revolutionärsten Entdeckungen der Menschheitsgeschichte folgen.

Nach einer zweimonatigen, beschwerlichen Reise durch den Atlantik, erreichte die Beagle im Jahre 1832 den südamerikanischen Kontinent, aber erst drei Jahre später betrat Charles Darwin erstmals den Ort, der sein Leben für immer verändern sollte: Die Galápagos-Inseln.

Darwin untersuchte nicht nur die berühmten Finken, sondern vielerlei Getier und auch Fossilien. Er kam Jahre später zu einem revolutionären Schluss, nämlich, dass die Arten sich verändert hatten, und, dass sie sich auch noch in Zukunft verändern würden. Vereinfacht stellte Darwin fest, dass die Arten sich nicht nur veränderten, sondern, dass sie sich vor allem weiterentwickelten.

Alle Lebewesen, so Darwin, haben den gleichen Ursprung und entwickeln sich durch eine natürliche Selektion beständig weiter. Eine Reaktion seitens der organisierten Christenheit ließ – wie so oft in der Geschichte – natürlich nicht lange auf sich warten. Darwin wurde als Erzketzer und Unchrist an den Pranger gestellt.

Auch heute gilt die Lehre von Charles Darwin als der klassische Gegenpart zu weltreligiösen Strömungen. Aber warum ist das eigentlich so? Dass die biblische Entstehungsgeschichte ganz offensichtlich falsch ist, war auch schon vor Darwin ein weitgehend anerkannter Fakt – zumindest unter Wissenschaftlern. Schon der vorchristliche Philosoph Anaximander beschrieb, dass alle Arten einen gemeinsamen Ursprung haben und sich ständig verändern.

Wohlmöglich resultiert der Hass, vor allem der Katholischen Kirche gegenüber Charles Darwin, daher, dass derartige Evolutionstheorien erstmals anhand wissenschaftlicher Erkenntnisse, Experimente und Beobachtungen untermauert werden konnten. Absurde Strömungen, wie z.B. das, was heute als Kreationismus bekannt ist, waren ad absurdum geführt worden.

Einige besonders schlaue (Vorsicht: Ironie) Theologen argumentierten, dass der von Darwin und anderen Naturwissenschaftlern beschriebene Ursprung auch Gott sein könne. Diese Theorie ist insofern fehlerhaft, als dass Gott eventuell den ersten gemeinsamen Ursprung geschaffen hat – mehr aber auch nicht. Beweise und wissenschaftliche Ideen bezüglich dieser Theorie ließen sich aber vollends vermissen.

Besonders positiv an den Entdeckungen von Charles Darwin war, dass eine uralte philosophische Strömung wieder mit neuem Leben erfüllt wurde, die schon seit Plato bekannt war: Die natürliche Theologie.

1643, England. In der Grafschaft Lincolnshire erblickt der junge Isaac Newton die Welt. Nach einer sehr schweren Kindheit mit vielen Todesfällen in der Familie, macht er in Cambridge seinen Abschluss. Neben seinen bekannten Werken, wie z.B. dem Fundament der klassischen Mathematik, namentlich *Philosophiae Naturalis Principia Mathematica*, arbeitete Newton auch an vielerlei philosophischen und theologischen Ideen und Theorien mit.

Als Naturwissenschaftler war Newton durchaus bewusst, dass Gott nicht ohne wissenschaftliches Arbeiten beweisbar ist. Dementsprechend verband er sein naturwissenschaftliches Werken mit seinem theologischen Arbeiten. Dies gipfelte in der Ansicht, dass Gott als Ganzes und in allen Räumen und zu jeder Zeit wirksam sei.

Etwa zur gleichen Zeit wie Newton lebte ein Denker, vielleicht der letzte wirklich große Gelehrte der Menschheitsgeschichte, der sich eingehend mit der natürlichen Theologie und daraus resultierenden Versuchen von Gottesbeweisen befasste. Gottfried Wilhelm Leibniz wird im Juli 1646 in Leipzig geboren. Aufgrund seiner sehr gebildeten und hoch intelligenten Eltern hatte Leibniz schon früh Zugang zu umfangreichen Datensammlungen an Wissen. Außerdem stellte er sich für seinen Vater Friedrich als ein hervorragender Diskussionspartner heraus

Es folgte ein Leben auf der Suche nach Wissen, wodurch Leibniz in vielen Fachgebieten zu den besten Köpfen seiner Zeit gehörte. Er arbeitete unter anderem als Diplomat, Dozent, Jurist und Politiker.

Eines seiner Lieblingsfelder war die Philosophie. Hier setzte er sich vor allem kritisch mit den Werken von Renè Descartes auseinander. So ging Leibniz davon aus, dass Gott sich ebenso wenig der Logik entziehen könne wie die Menschen. Gott würde die Summe aller möglichen Welten kennen, ähnlich der Mathematik. Dadurch habe Gott nur das Beste von dem erschaffen, was im schier unendlichen Pool an Welten möglich gewesen wäre. Insofern sind auch Eingriffe von Gott in die von ihm erschaffene Welt ein Teil eben dieser Perfektion. Berechenbar und vorherbestimmt (vgl. *Principes de la Nature et de la Grace fondès en Raison – Monadologie*).

Meine Gedanken dazu: Der wichtigste Kritikpunkt, welchen man an dieser Stelle anbringen kann, ist, dass Leibniz versucht das Unlogische, nämlich das Göttliche, nur mit wissenschaftlicher Logik zu erklären. Mit Sicherheit ist ein gewisses Maß an wissenschaftlicher Arbeit notwenig, wenn man einen fundierten Gottesbeweis ins Feld führen möchte, allerdings darf man auch die andere Seite der Medaille – nämlich das Spirituelle und somit Unlogische – nicht aus den Augen verlieren.

Folglich sind auch die Theorien von Leibniz nur ein weiterer Meilenstein, allerdings mitnichten ein endgültiges Ergebnis. Eine Mischung aus Hume und Leibniz wäre an dieser Stelle vielleicht eine Art Heilsbringer.

David Hume wird, wie so viele bedeutende Philosophen, im 18. Jahrhundert geboren. Nach vielen sehr bewegten und von Krankheiten gezeichneten Jahren, begann der Studienabbrechen Hume die Arbeit, welche endlich die Früchte seines Strebens einbringen sollte.

Als ein Kernstück seines Denkens gilt das Werk *Dialogues concerning Natural Religion* aus dem Jahr 1779 (postum veröffentlicht). Hier setzt sich Hume sehr kritisch mit der natürlichen Theologie und den aus ihr resultierenden Grundsätzen auseinander. Als wichtigster Vertreter des Empirismus' glaubte Hume, dass der Mensch alle seine Vorstellungen und Ideen von simplen Sinneseindrücken herleitet. So bestehen auch der Verstand, die Vernunft und das Logische letztendlich nur aus Eindrücken, welche vom Menschen durch die Sinne gefiltert und aufgenommen worden sind.

Meine Gedanken zu der Thematik: Bedenklich ist, dass Hume Gott schon fast selbstverständlich mit dem christlichen Verständnis eines Gottes gleichsetzt und sich somit ein Großteil seiner Theorien – wenn auch nur teilweise – ausschließlich nur dann als wahrhaftig rausstellen könnte, wenn der wahrhaftige Gott, sofern er in einer tatsächlichen Form existiert, der im Christentum definierte Gott ist.

Ferner lässt Hume wichtige, auch schon damals bekannte Umstände außer acht, die seine Thesen ins Wanken bringen könnten – wie z.B. angeborene Reflexe und Handlungsmechanismen, welche unter anderem durch Untersuchungen an Menschen nachgewiesen worden sind, die seit ihrer Geburt blind, taub und stumm waren und trotzdem z.B. lachten, wenn man sie streichelte. Solche Schemata sind nämlich nicht durch die abgespeicherten Nachmachwahrnehmungen des Individuums begründbar.

Bisher konnte mich also weder die Rationalisten, nach die Anhänger des Empirismus' wirklich überzeugen. Mal wird dem Logischen zu viel Beachtung beigemessen und gleichzeitig das Sinnliche und Spirituelle vernachlässigt, mal steht die Sinneswahrnehmung zu sehr im Fokus und das Logische wird in den Hintergrund gedrängt.

An dieser Stelle kommt wieder einmal ein Philosoph ins Spiel, der schon viele Ideen, Theorien und Mechanismen widerlegt oder zumindest eingeschränkt hat. Immanuel Kant stellt fest (vgl. Kapitel 1 dieses Buches), dass Gedanken ohne Inhalt leer und Anschauungen ohne Begriffe blind seien. Es kann also nicht richtig sein, wenn man einen Gottesbeweis – ob natürlich oder nicht – herleiten möchte, indem man sich nur dem Rationalismus oder dem Empirismus widmet.

Meiner Meinung als Skeptiker nach fehlt auch noch eine dritte Zutat, nämlich eine skeptische Betrachtung der Dinge.

Auf eine genauere Betrachtung von anderen Ansätzen, wie z.B. dem kausalen und dem kosmologischen Gottesbeweis, werde ich nicht weiter eingehen, Nur soviel: Derartige Gottesbeweise disqualifizieren sich dadurch, dass sie sich selbst hinsichtlich ihrer eigenen Kritisierbarkeit nicht in einem ausreichenden Maße selbst relativieren. Das liegt vor allem daran, dass derartige Gottesbeweise davon ausgehen, dass alles eine Ursache haben muss. Dieser Umstand wird richtigerweise von führenden skeptischgeprägten Philosophen, allen voran Immanuel Kant, kritisiert.
Wer Näheres zu derartigen Beweisführungen lesen möchte, dem empfehle ich die Werke von William Lane Craig (*Die Existenz Gottes und der Ursprung des Universums*, erschienen im Brockhaus Verlag) und Friedo Ricken (*Klassische Gottesbeweise in der Sicht der gegenwärtigen Logik und Wissenschaftstheorie*, erschienen im Kohlhammer Verlag).

An dieser Stelle möchte ich mit meiner eigenen Beweisführung beginnen, welche ich „Beweis für die Existenz Gottes als planendes Ganzes, vor allem anhand der irdischen Unvollkommenheit" nennen möchte.

Als Erstes möchte ich festhalten, dass tatsächlich vieles eine Ursache hat, aber nicht alles. Die wichtigste Ausnahme bildet hier Gott beziehungsweise der erste der Götter, sofern es mehrere Götter oder gottgleiche Wesen geben sollte. Weitere Ausnahmen sind das Gefüge des Ganzen, als das Grundfundament des Seins, und eine grundlegende Logik, die nicht der menschlichen Logik entspricht.

Das Gefüge des Ganzen beschreibt die feste Grundordnung, die nach meinem Dafürhalten schon immer existiert hat. Es kann folglich nichts existieren, das sich nicht dieser Grundordnung unterordnet. Hier stößt der menschliche Verstand an seine Grenzen, weil wir uns immer einen Anfang beziehungsweise den Beginn einer Sache vorstellen müssen. Ebenso wie die Begriffe „unendlich“ oder „nichts“, ist auch ein beginnloser Umstand für den menschlichen Verstand weder logisch, noch bildlich vorstellbar. Das ändert aber nichts daran, dass derartige Dinge existieren.

Die grundlegende Logik ist das wichtigste Standbein des Gefüges des Ganzen. Sie entspricht dabei selbstverständlich nicht der menschlichen Logik, welche sich durch ihre eigene Beschränktheit für solch fundamentale Fragen disqualifiziert. Sie muss dabei auch nicht dem menschlichen Verständnis von Logik und logischen Prinzipien folgen.

Weiter gilt der von mir entwickelte Merksatz:
Der Mensch ist als Mensch innerhalb der Grenzen des Menschseins beschränkt. Darum liegt die vermeintliche Weisheit nicht im menschlichen Wissen, sondern im Glauben. Im Glauben an das, was wir zu wissen glauben und im Glauben an Dinge, die wir tatsächlich als Glauben interpretieren. So sind auch die menschliche Vernunft, die menschliche Logik und sogenanntes Faktenwissen nichts anderes, als aus der menschlichen Beschränktheit resultierender Glauben.

Es muss bei einem durch einen Menschen vollzogenen Gottesbeweis also nicht nur, wie Immanuel Kant richtig feststellt hat, deshalb von Wissen auf Glauben umgeschaltet werden, weil der Mensch Gott mit menschlichen Mitteln schlicht und ergreifend nicht beweisen kann, sondern insbesondere auch deswegen, weil es – so glaube ich zumindest – kein menschliches, gewusstes Wissen gibt. Diese Umstände bitte ich beim weiteren Lesen dieses Buches und auch beim ersten Kapitel zu berücksichtigen.

Nun zu meiner eigentlichen „Beweis"führung:

Menschliche Unvollkommenheit und geistige Beschränktheit lassen einen denkerischen Gottesbeweis, der sich an menschlichen Vorstellungen und Erfahrungen ausrichtet, nicht zu. Allerdings ist eine unvoreingenommene Begründung anhand der irdischen Unvollkommenheit zulässig, die um ihre eigene Beschränktheit weiß.

So entspricht Gott (beziehungsweise Götter – folgend bitte beachten) mit einer sehr hohen Wahrscheinlichkeit nicht dem, was bisher durch den Menschen formuliert wurde. Allerdings kann davon ausgegangen werden, dass man sich auf den kleinsten gemeinsamen Nenner der meisten größeren religiösen Bewegungen einigen kann – nämlich dem Allmachts- und Allwissenheitsbegriff. Davon ausgegangen ist Gott ein vermutlich planendes Wesen, welches einem allumfassenden Plan folgt. Ob dieser Plan beständig fort- und weiterentwickelt wird, lässt sich aus offensichtlichen Gründen nicht sagen.

Geht man davon aus, dass all dies die Rahmenbedingungen dafür bildet, um einen menschlichen Gottesbeweis führen zu können, dann ist die Glaubensquelle, die am nächsten liegt, die Unvollkommenheit der Erde und ihrer Bewohner. Da Gott allwissend ist, wusste er um diese Unvollkommenheit. Zwei der wichtigsten Bestandteile dieser Unvollkommenheit sind beschränktes, geglaubtes Wissen und fehlendes Vertrauen.

So wusste Gott um die menschliche Unvollkommenheit. Weiter davon ausgegangen, dass Gott den Menschen kennt (er ist ja schließlich allwissend) und liebt – was alles andere als beweisbar ist – dann kann man ferner davon ausgehen, allerdings nur die menschliche Logik angewandt, dass Gott die Menschen testen möchte – was in einem gewissen Umfang auf alles Liebende zutrifft.

So könnte man als Gottesbeweis anführen, dass Gott Umstände und vermeintliche Tatsachen so arrangiert hat, dass sie im Menschen Zweifel an das Göttliche säen sollen. Weiter kann davon ausgegangen werden, dass Gott allen Menschen eine Art göttlich-glaubendes Zentrum ins Gehirn gepflanzt hat, das dafür gesorgt hat, dass so gut wie alle gegenwärtigen und alten Kulturen in der einen oder anderen Weise an das Göttliche glauben beziehungsweise geglaubt haben (was historisch und menschlich gesehen ein unumstößlicher Fakt ist). So könnten evolutionäre Theorien, auffindbare archäologische Werte und diverse menschliche Wissenschaften nichts weiter sein, als ein großer göttlicher Test des Glaubens und des Vertrauens.

Gerade dieses ganze geglaubte Wissen, die irdische Unvollkommenheit und die menschliche (vor allem theologische) Geschichte sind zusammengenommen der ultimative (leider nur menschliche) Beweis für die Existenz Gottes.

Du bist du und ich bin ich

Was ist das „Ich"?

Eine der wichtigsten Menschheitsfragen ist die Frage nach dem Ich. Wer bin ich? Beginnen möchte ich dieses Kapitel wieder einmal mit dem Philosophen Renè Descartes, der bekanntlich den Satz „cogito ergo sum" geprägt hat. Descartes geht folglich davon aus, dass das was denkt, auch sein müsse. Beantwortet das aber die Frage nach dem Ich? Mitnichten!

Wenn man nach dem Ich suchen möchte, dann sollte man vier fundamentale Teilbereiche unterscheiden:

1. Das philosophische Ich
2. Das theologische Ich
3. Das psychologische Ich
4. Das neurobiologische Ich

1863, USA. In dem Bundesstaat, der sich für die meisten Deutschen so schwer auszusprechen lässt, namentlich Massachusetts, wird George Herbert Mead als Sohn einer sehr religiösen Familie geboren. Mead gilt als einer der ersten geistlich geprägten Menschen, der sich aktiv dafür eingesetzt hat, dass das Christentum und die Naturwissenschaften Hand in Hand gehen sollten.

Durch seine extrem lange Studienzeit, welche nicht zuletzt dadurch entstanden war, dass Mead mehrmals, unter anderem auch in Deutschland, studiert hat, erlernte Mead alles, was für sein späteres Leben von Nöten war. Er prägte den Symbolischen Interaktionismus wie kein zweiter. Mead ging davon aus, dass das menschliche Ich keine gottgegebene Sache ist, sondern, dass die evolutionäre Entwicklung, in Zusammenhang mit Umwelteinflüssen, das Ich eines Menschen prägt. Auf eine detaillierte Behandlung dieses Themas werde ich an dieser Stelle verzichten, weil es einfach zu komplex ist und den Rahmen dieses Kapitels sprengen würde. Nur soviel: Der wichtigste Kritikpunkt an den Theorien von Mead ist, dass er eine Bewusstseinsbildung auch damit begründet, dass es dadurch entstehen würde, dass Menschen miteinander agieren. Diese Theorie ist folglich insofern nicht haltbar, als dass Mead weder einen Beginn, noch Phänomene wie z.B. das Leben des Kasper Hauser erklären kann.

Ferner unterscheidet Mead zwischen dem „I" und dem „Me". Er ging also von einem zweidimensionalen Ich aus. Demnach sei das „I" die individuelle Komponente des Ichs und das „Me" stelle den gesellschaftlich/durch die Umwelt geprägten Teil des Ichs dar. An der Existenz einer individuellen Komponente kann man wissenschaftlich nicht ernsthaft zweifeln, weil jeder Mensch eine eigene Persönlichkeit hat – daran kann man aufgrund der vielen Beispiele (Menschen) keinen Zweifel hegen. Die Kritik am „Me" (siehe oben) bleibt aber.

Wer Näheres über Mead und seine Theorien nachlesen möchte, dem empfehle ich sein wohl wichtigstes Werk:

Mind, Self, and Society, deutsche Fassung: *Geist, Identität und Gesellschaft aus der Sicht des Sozialbehaviorismus*, erschienen im Suhrkamp Verlag.

Das philosophische Ich habe ich weitgehend schon in den vorherigen Kapiteln behandelt, wodurch ich gleich zum theologischen Ansatz kommen möchte.

Der theologische Ansatz geht, je nach Religion, davon aus, dass das Ich ganz oder teilweise gottgegeben ist. Mal nähert sich dieser Ansatz anderen Ich-Ideen an, mal bleibt er autoritär in seiner Meinung. Ferner existieren auch viele fernöstliche Theorien, wie z.B. das japanische Satori. Da derartige Ansätze aufgrund ihres rein spirituellen Charakters weder beweisbar, noch widerlegbar sind, werde ich an dieser Stelle mit dem psychologischen Ansatz weitermachen.

In der Psychologie wird das Ich häufig mit dem Begriff „Selbstbewusstsein“ gleichgesetzt. Problematisch ist das insofern, als dass das Selbstbewusstsein, wie der Begriff schon deutlich macht, nur das Bewusstsein des eigenen Selbst ist – nicht aber dieses Selbst an sich.

Steigt man allerdings tiefer in die Materie ein, dann erkennt man, dass sie sogenannte Ich-Psychologie sehr logische und nachvollziehbare Ich-Definitionen liefern kann.

Primär wird das Ich in drei Bereiche unterteilt. Demnach gibt es ein Haupt-Ich, welches quasi das Zentrum des menschlichen Seins bildet. Dieses Ich zeichnet sich hauptsächlich dadurch aus, dass der Mensch dazu in der Lage ist, seine biologisch unverzichtbaren Triebe zu kontrollieren. Weiter ist dieses Ich dazu in der Lage über komplexe Probleme nachzudenken und Alternativen und andere Sachverhalte kritisch zu bewerten.

Des Weiteren existiert das sogenannte Über-Ich, welches quasi die moralische Instanz des Menschen ist. Hier sind unsere moralischen Vorstellungen und gesellschaftlichen Regeln verankert. Der dritte Teil des menschlichen Ichs wird durch unsere (primär sexuellen) Bedürfnisse gebildet (vgl. Maslowsche Bedürfnispyramide).

Die Ich-Einteilung der Ich-Psychologie ist zwar einfach, aber dennoch umfasst sie auf den ersten Blick alles, was wir uns unter dem Ich vorstellen. Es wird der Mensch mit seinen Werten, Vorstellungen und Gefühlen dargestellt und gleichzeitig wird auch deutlich, welchen Einfluss die Umwelt auf den Menschen zu nehmen vermag.

Außerdem hat das Ich verschiedene Funktionen, wie z.B. Denken, Autonomie, Realitätsprüfung und Abwehrmechanismen. Ferner definiert das Ich einen Selbstwert, Selbstkontrolle und viele andere Bereiche des menschlichen Individuums.

Es wird in einigen Theorien außerdem davon ausgegangen, dass sich das Ich noch weiter in einzelne Ichs aufteilt. So existiert das Autobiografische-Ich, das dafür sorgt, dass man die eigene Geschichte auch wirklich als die eigene Geschichte beziehungsweise den eigenen Lebensweg wahrnimmt und auch abspeichert. Das Körper-Ich trägt dafür Sorge, dass man den eigenen Körper auch tatsächlich als den eigenen Körper wahrnimmt. Das Verortungs-Ich ist quasi das Navigationssystem des Ichs und das perspektivische Ich stellt sicher, dass wir uns als den Mittelpunkt der von uns erfahrenen Welt verstehen und wahrnehmen. Das Ich als Erlebniswelt sorgt dafür, dass man die eigenen Gefühle als die eigenen Gefühle wahrnimmt usw.

1856, Freiberg. Sigmund Freud wird geboren und er sollte der einflussreichste Ich-Denker, Freud gilt als Begründer der Psychoanalyse, des 19. und 20. Jahrhunderts werden. Er entwickelte unter anderem die Konflikt- und Triebtheorie und schuf somit als Erster einen wissenschaftlichen Rahmen für das, was wir heutzutage als Psyche bezeichnen (vgl. *Das Ich und das Es*, erschienen im Fischer Verlag).

Die psychoanalytischen Ansätze sind sehr interessant, aber es fehlt ihnen etwas Greifbares – eine eindeutige Abgrenzung des Ichs. Es werden einfach zu wenige Fakten geschaffen, ähnlich wie es heutzutage bei z.B. der Erstellung von psychiatrischen Gutachten bei Triebtätern der Fall ist.

Die Psychoanalyse ist ein sehr weites Feld und ich werde daher auf eine genauere Erklärung dieser Wissenschaft in meinem Buch verzichten. Die Kritik (siehe oben) ist allerdings die Konsequenz einer langen Auseinandersetzung mit der Thematik.
Wer Näheres über psychoanalytische Ansätze erfahren möchte, dem empfehle ich, neben dem Werk von Sigmund Freud (siehe oben), folgende Werke:
Anna Freud: *Das Ich und die Abwehrmechanismen.*
Alfred Adler: *Über den nervösen Charakter*, als Taschenbuch im Fischer Verlag erschienen.

Heinz Hartmann: *Ich-Psychologie und Anpassungsproblem*, im Klett Verlag erschienen.

Aber wie kann man Gedanken über das Ich erhärten? Hier greift der vierte Block dieses Kapitels: Die Neurobiologie.

Es existieren z.B. Menschen, die eigentlich fast immer gute Laune haben. Diese Menschen nennt man im Volksmund zumeist „Frohnaturen" oder „Luftikusse". Es wird also davon ausgegangen, dass die Fröhlichkeit dieser Menschen ein Teil ihres Charakters ist. Forscher haben im Jahr 2009 herausgefunden, dass eben diese Menschen über ein seltenes Gen, namentlich 5-HTTLPR, verfügen, das dafür sorgt, dass diese Menschen immer das Gute im Leben sehen. Primär liegt das daran, dass dieses Gen dafür Sorge trägt, in welcher Geschwindigkeit der Stoff Serotonin durch das Blut ins Gehirn befördert wird.

Des Weiteren lässt sich das Ich nicht als einzelner Bereich des Gehirns identifizieren, sondern es existiert eine Reihe von Bereichen, die zusammengenommen das Ich bilden. So gibt es z.B. das Limbische System, das quasi dafür sorgt, dass wir Gefühle empfinden. Außerdem soll es dafür verantwortlich sein, in welchem Maße wir dazu fähig sind, intellektuelle Leistungen abzurufen. Hier werden z.B. die Stoffe Dopamin und Oxytozin ausgeschüttet. Das eine wirkt quasi als Dopingmittel für das Gehirn und das andere sorgt dafür, dass wir ein Gefühl der Vertrautheit verspüren.

Aber auch das Limbische System als (wichtigster) Teil des neurobiologischen Ichs, unterteilt sich in einzelne Bereiche, wie z.B. den Hippocampus.

Wie einige andere Bereiche dieses Kapitels auch, so ist auch die Neuropsychologie ein Bereich, der einfach zu komplex ist, um ihn ausführlich an dieser Stelle behandeln zu können, ohne dabei den Rahmen dieses Kapitels zu sprengen. Ich denke aber, dass ich alle Bereiche, entweder in diesem oder in einem der zwei vorangegangenen Kapitel, ausreichend behandelt habe, damit klar wird, wie ich zu meiner Ich-Definition gekommen bin.

Ich möchte an dieser Stelle auf Bücher verweisen, welche eine interessante Lektüre zum Thema Neurobiologie darstellen:
Johann Casper Rüegg: *Gehirn, Psyche und Körper. Neurobiologie von Psychosomatik und Psychotherapie*, erschienen im Schattauer Verlag.
Hans-Otto Karnath und Peter Thier: *Neuropsychologie*, erschienen im Springer Medizin Verlag.

Aber wie sehe ich eigentlich das Ich?
Die „Schöber'sche Definition des Ichs":

Das Ich definiert sich nicht als ein bestimmter Teil, sondern als Summe von vielen Einzelteilen. Es spielen hierbei primär die bekannten und unbekannten, diesbezüglichen Parameter der Neurobiologie eine Rolle, welche die meisten Fragen bezüglich des Ichs beantworten können oder beantworten können werden – viele weitere Jahrhunderte der Forschung vorausgesetzt. Hinzu kommt ein weiterer Teil, nämlich das spirituelle Ich, als Teil der spirituellen Natur. Die spirituelle Natur definiere ich als das, was durch irdische Instrumente wahrnehmbar, aber nicht erklärbar ist und auch niemals erklärbar sein wird. Als Teil dieser spirituellen Natur ist das spirituelle Ich das, was die Teile des menschlichen Ichs ausmacht, die unerklärlich sind und vor allem unerklärlich bleiben werden. Demnach ist eine endgültige Ich-Definition, unterteilt in Neurobiologie/Neuropsychologie und Spiritualität, abschließend nicht möglich.

Dies ist vor allem dadurch der Fall, weil der Mensch aufgrund seines Menschseins beschränkt ist. Das Ich ist mehr, als der Mensch zu erklären vermag – dies gilt natürlich nur für den spirituellen (gottgegebenen) Teil des Ichs.

Alle Tiere sind gleich, aber manche […]

Haben Tiere Rechte?

1903, Bundesstaat Bihar, Britisch-Indien. Eric Arthur Blair wird im heute autonomen Indien als Sohn englischer Eltern geboren. Sein Vater arbeitet als Beamter und somit ist sein Arbeitsplatz ortsgebunden. Seine Mutter möchte allerdings, dass ihre Kinder in einem besseren Umfeld aufwachsen und so kehrt sie mit dem kleinen Eric und seinen beiden Schwestern im Jahre 1904 nach England zurück.

Nach einer fast beispiellos hervorragenden Schulzeit und einem kurzen Abstecher auf ein anderes College, wechselt Eric im Jahr 1917 auf das renommierte Eton College. Es folgt ein bewegtes Leben, unter anderem als Polizist in Burma, Tagelöhner in Paris und schließlich Schriftsteller in England.

1936 kommt es durch General Franco in Spanien zum Bürgerkrieg, an welchem sich Eric schließlich im Jahr 1937 auf der Seite der Gegner von den Putschisten beteiligt. Nach einer schweren Verwundung während der Kampfhandlungen zieht er sich allerdings aus dem Konflikt zurück, um sich unter anderem einer Bestrafung zu entziehen.

Schließlich bricht im Jahr 1939 der zweite Weltkrieg aus, als das Deutsche Reich in einem Blitzkrieg Polen überfällt. Nach einigen Jobs innerhalb der Presse, entschließt sich Eric als Kriegsberichterstatter zu arbeiten. Schließlich endet ein sehr bewegtes und vom Widerstand gezeichnetes Leben im Jahr 1950, nachdem Eric mit nur 46 Jahren an Tuberkulose starb.

Besser bekannt wird dem Leser Eric Arthur Blair unter dem Namen George Orwell sein. Neben seinem sehr zu empfehlenden Werk *1984* schrieb Orwell auch das weltberühmte Buch *Animal Farm*, deutsch: *Farm der Tiere*.

In diesem Buch fällt der berühmte Satz „All animals are equal, but some animals are more equal than others“. Ins Deutsche übersetzt bedeutet das soviel, wie „Alle Tiere sind gleich, aber manche Tiere sind gleicher, als andere“. Die böse Hauptfigur des Buches, das Schwein Napoleon, lässt zu erst nur den ersten Teil des Satzes öffentlich anbringen, ändert diesen aber im späteren Verlauf seiner tyrannischen Herrschaft ab. Orwell wollte damit verdeutlichen, welche Konsequenzen eine Diktatur hat und welche wahren Motive Alleinherrscher in Wirklichkeit verfolgen. Witzigerweise symbolisiert das Schwein Napoleon den russischen Diktator Josef Stalin, aber das ist an dieser Stelle eigentlich weniger interessant.

Viel interessanter ist, dass dieser Satz auch eine andere Bedeutung haben könnte, als eigentlich von Orwell beabsichtigt. Wenn man nämlich der Darwinistischen Evolutionstheorie, oder auch ähnlichen Evolutionstheorien glauben schenken möchte, dann sind auch wir Menschen nichts weiter als Tiere – wenn auch relativ hochentwickelte Tiere. Demnach könnte man den Satz auch so interpretieren, dass alle Tiere vor der Schöpfung oder auch Gott gleich sind, sich der Mensch aufgrund seiner vermeintlichen Überlegenheit aber als „gleicher“ betrachtet.

Nun kann man dann weiter fragen, ob der Mensch in seinem Verhalten und seinem Verständnis gegenüber anderen Tieren nicht genauso schlimm ist, wie Josef Stalin in Bezug auf sein eigenes Volk war. Man muss sich einfach nur einmal vor Augen halten, in welchem Maße sich Menschen unter Berücksichtigung quasi allgemeiner Moralvorstellungen gegenüber anderen Tieren falsch verhalten, sie aber eben diese Moralvorstellungen zu meist daran hindern, gegenüber anderen Menschen z.B. Gewalt anzuwenden. Solch ein Verhalten ist in der sonstigen Tierwelt sehr ungewöhnlich, lediglich bei z.B. Elefanten sind ähnliche Verhaltensweisen bekannt – Moral hin oder her.

So essen die Menschen am liebsten andersartige Tierbabys, wie z.B. Lämmer oder Kälber, weil das Fleisch dieser Tiere besonders zart ist. Wir sperren tausende von Hühnern in enge Käfige, weil wir ihre Eier gerne kochen und dann essen. Die menschlichen Weibchen bemalen sich gerne ihr Gesicht, wodurch jährlich Millionen Tierversuche nur deshalb stattfinden, weil Frauen meinen sich unbedingt schminken zu müssen. Des Weiteren tragen wir gerne die Haut (Leder) und das Fell (Pelz) von Tieren als Kleidung, aber nicht weil wir es etwa aus lebensnotwenigen Gegebenheiten müssten, sondern nur, weil wir finden, dass es schick aussieht.

Interessant ist auch, dass es in z.B. Deutschland zwar ein Tierschutzgesetz gibt, aber Tiere im Bürgerlichen Gesetzbuch als Gegenstände gelten. Nichts könnte die Perversion des menschlichen Überlegenheitsgefühls deutlicher machen, als dieser Gesetzestext.

Noch verschlimmert wird dieser Umstand durch den § 90a BGB:

„Tiere sind keine Sachen. Sie werden durch besondere Gesetze geschützt. Auf sie sind die für Sachen geltenden Vorschriften entsprechend anzuwenden, soweit nicht etwas anderes bestimmt ist.“

Es reicht also nicht, dass wir Tiere als niederes Leben sehen, nein, wir versuchen dieses schandvolle Denken auch noch dadurch zu vertuschen, indem wir auf lückenhafte Tierschutzparagraphen verweisen. Ferner sagt das Gesetz, dass Tiere zwar keine Sachen seien, sie aber in Bezug auf geltendes Recht als Sachen gelten. Ein ziemlich plumper Versuch das Paradoxon von menschlicher Moral und deutschem Recht aufzulösen.

Aber auch innerhalb der Gruppe von vermeintlichen Tieren machen wir Unterscheidungen hinsichtlich der Wertigkeit von Leben. So betrachten wir Leben erst dann als besonders wertvoll, wenn es von einer Tierart gelebt wird, welche vom Aussterben bedroht ist. So betrachten wir das Leben eines Tigers als wertvoller beziehungsweise schützenswerter, als das eines einfachen Haushundes.

Aber auch andere Differenzierungen werden durch Menschen vorgenommen. Wer schon einmal gehört hat wie einem Hund durch einen Passanten versehentlich auf den Schwanz getreten wird, der weiß wie fürchterlich es klingt, wenn ein Hund Schmerzen empfindet. Es ist einfach herzzerreißend, wenn ein Hund vor Leid jault.

Aber wie denken wir über durch Tiere empfundenen Schmerz, wenn wir ihn nicht unmittelbar mitbekommen? Es ist z.B. interessant zu sehen, wie Menschen darüber denken, wenn Fischen Leid angetan wird. Wer einmal auf einem Fischkutter gewesen ist, der weiß, dass die eine Hälfte des Fangs qualvoll erstickt, während die andere Hälfte zum Ausbluten gebracht wird. Wie kommt es, dass wir Kanada Jahr für Jahr für die Methoden des Robbenfangs verurteilen, während wir es nicht bedenklich finden, wie mit Fischen umgegangen wird? Mal ganz ab davon, dass die Robben in der Regel für Pelze getötet werden und Fische uns als Nahrung dienen, es ist doch mehr als doppelzüngig, wenn man A sagt ohne auch B zu sagen. Die Antwort ist ganz einfach: Fische können nicht schreien, winseln oder quieken.

Wir schreiben das Jahr 1788. In der Freien Stadt Danzig wird ein Junge mit dem Namen Arthur geboren. Als Sohn erfolgreicher und gebildeter Eltern begann Arthur schon früh mit dem eifrigen Lernen von Wissen. Wie so viele große Menschen hatte auch Arthur ein Leben, das von Wandel und Ruhelosigkeit geprägt wurde. So zog er einige Male um, seinen ersten Umzug erlebte er im Alter von nur fünf Jahren, als seine Familie von Danzig nach Hamburg umzog.

Arthur Schopenhauer sollte sich schon früh zu einem der bedeutendsten Philosophen des 19. Jahrhunderts entwickeln.

Neben seinem Hauptwerk von 1819, *Die Welt als Wille und Vorstellung*, entwarf Schopenhauer eine Vielzahl von weiteren Ideen und Theorien, die heute in der Philosophie als Standardwerke gelten. Der für dieses Kapitel wichtigste Ausspruch Schopenhauers lautet:
„Die Welt ist kein Machwerk, und die Tiere sind kein Fabrikat zu unserem Gebrauch. Nicht Erbarmen, sondern Gerechtigkeit ist man den Tieren schuldig".

In diesen beiden Sätzen steht alles, was für das moralische Verständnis bezüglich der Beziehung von Mensch und Tier von Nöten ist. So sind Tiere eben keine Sache, kein Nutzgegenstand und auch kein Nahrungsmittel. Vielmehr sind sie gleichberechtigte oder zumindest ähnlich mit Rechten ausgestattete Lebewesen wie die Menschen.

Bedauerlich ist, dass Deutschland mit seinem maroden Tierschutz immer noch zu den führenden Nationen dieser Erde bezüglich der Tierrechte gehört. Wenn man einmal in andere Länder, vor allem im fernöstlichen Sektor, fährt, dann wird man schnell auf die Grenzen des Ertragbaren stoßen. So werden in China z.B. Tieren bei lebendigem Leibe die Gliedmaßen abgetrennt, Garnelen werden lebendig auf den Grill geworfen und Haien werden noch zappelnd die Rückenflossen abgeschnitten. Aber auch in Deutschland gibt es solche Gräueltaten, so werden bei uns und in vielen anderen Nationen Hummer bei vollem Bewusstsein in kochendes Wasser geworfen.

Man muss also differenzieren. Von einem moralischen Standpunkt aus haben Tiere genau die gleichen Rechte wie Menschen, zumindest so lange sie diese Rechte auch aktiv wahrnehmen können – ein Wahlrecht würde ich Tieren z.B. selbstverständlich nicht zusprechen. Rein rechtlich und auch in der Vorstellung der meisten Menschen sind Tiere aber nichts weiter, als Nutzgegenstände, Nahrung oder Sachen, die uns zur Belustigung dienen. Ich hoffe aber, dass sich der Leser einmal Gedanken macht, wenn er das nächste mal Leichenteile von Tieren als Nahrung zu sich nimmt – für dieses kurze Esserlebnis musste ein Tier vermutlich qualvoll leben und sterben, auch, wenn uns die Tierindustrie und die Politik etwas anderes weiß machen wollen. Auch überzüchtete Haustiere, die wie der Mops z.B. nicht mehr richtig atmen können, sind ein Produkt unseres widerlichen Verständnisses von Überlegenheit.

Das Fazit dieses Kapitels mündet in einem einfachen, von mir entwickelten Lehrsatz:
Moralisch gesehen haben Tiere die gleichen oder in einem höchsten Maße ähnlichen Rechte wie Menschen, weil der Wert von Leben ohne verwerfliche Indikatoren nicht messbar ist.

Unendliche Weiten – oder auch nicht

Theorien über das Universum

Die Wissenschaft lehrt uns seit über einhundert Jahren, dass das Universum unendlich sei. So könnte man niemals von einem Ende zum anderen reisen, weil es einfach keine Enden des Universums gibt.

Nun stellt sich aber die Frage, ob das Universum wirklich unendlich ist, oder, ob es nur so groß ist, dass der beschränkte menschliche Verstand keinen besseren Begriff als „unendlich“ für die schiere Größe des Universums finden kann. Das erste Paradoxon, das uns die Wissenschaft liefert, ist, dass sie einerseits behauptet, dass das Universum unendlich sei, sie aber andererseits auch nachweist, dass es sich immer noch ausdehnt. So entfernen sich z.B. die Gestirne unseres Sonnensystems immer weiter voneinander und auch immer weiter von einem nicht erfassbaren Ursprung des Universums. Wie kann es also sein, dass etwas die menschlich vorstellbare Maximalgröße erreicht hat, wenn es sich doch aber immer noch ausdehnt?

1921, El Paso, Texas. Dies sind die Eckdaten einer Geburt, die jemanden hervorbringen sollte, der den Grundstein für eine der wichtigsten Serien der Neuzeit legen sollte.

Gene Roddenberry gilt richtigerweise als einer der wichtigsten Vorreiter des Genres Science-Fiction. Im Jahre 1966 schuf Roddenberry die als Raumschiff Enterprise bekannte Fernsehserie. Dies sollte den Startschuss für die bisher umfangsreichste, fiktive Sicht der Menschheit auf das Universum darstellen.

Interessant ist, dass viele – sogar sehr viele – Menschen sich das Universum genauso oder so ähnlich vorstellen, wie es in den Star Trek Vorlagen dargestellt wird. Viele bewohnbare Planeten, unentdeckte Völker und interstellare Kriege. Am relevantesten für dieses Buch ist aber der in den Star Trek Serien auftauchende Begriff der „unendlichen Weiten". Die Star Trek Macher schufen so also nicht, wie für Fernsehserien typisch, einen begrenzten Raum, welchen sie mit Leben füllten, sondern sie schufen einen unbegrenzten Raum, aus welchem sie eine Stichprobe darstellten, die sie mit Leben füllten.

Diese Unterscheidung mag auf den ersten Blick wie Haarspalterei wirken. Aber gerade diese beiden Pole sind die wichtigsten Fraktionen in der modernen Weltraumforschung.

Folglich komme ich zu den ersten wichtigen Fragen dieses Kapitels: Ist das Universum tatsächlich unendlich, ist es nachweislich endlich oder ist es so groß, dass wir Menschen es einfach nur als unendlich groß beschreiben können? Oder existieren vielleicht sogar noch viele weitere Möglichkeiten?

Wissenschaftlich bezeichnet wird der Gedanke eines unendlich großen Universums teilweise mit dem Begriff des unendlichen Raumzeitvolumens.

Demnach ist das Universum nicht nur räumlich unendlich groß, sondern es ereignet sich im Universum zu jedem Zeitpunkt jedes Ereignis, das sich ereignen kann – und zwar unendlich oft. Das setzt natürlich voraus, dass sich das Universum an einem bestimmten Punkt wiederholt. Das wiederum bedeutet, dass es von der Erde im Universum unendlich viele eineiige Zwillingswelten geben müsste.

Bedauerlicherweise hat die Forschung das in der Statistik beschriebene unmögliche Ereignis bereits ausgegrenzt, so dass meine Kritik dieser Theorie an dieser Stelle nicht ansetzen kann. Aber es bleiben noch viele Stellen übrig, welche eine derartige Theorie aufgrund von fehlerhaften Formeln zwar berechenbar machen, aber gleichzeitig logisch ausschließen.

Erstens würde ein unendliches Raumzeitvolumen bedeuten, dass real paradoxe Ereignisse passieren können, was definitiv unmöglich ist. So wurde zwar das unmögliche Ereignis ausgeschlossen, aber nicht die entstehende Unmöglichkeit eines Ereignisses A durch den Einfluss eines Ereignisses B. Zweitens ist eine derartige Theorie wissenschaftlich aufgrund fehlender, abschließender Beweisbarkeit zwar eine nette Freizeitbeschäftigung, aber mitnichten eine ernstzunehmende Wissenschaft. Drittens würde ein unendliches Raumzeitvolumen bedeuten, dass auch der von der Wissenschaft vermutete Endknall, nämlich das Ende des Universums, bereits unendlich oft hätte passieren müssen. Das wiederum würde bedeuten, dass das Universum a) gar nicht mehr existieren dürfte und b) sind mehre Endknalle sich einander ausschließende Ereignisse.

Wenn das Universum sich an einem bestimmten Punkt nicht wiederholen würde, dann stünde immer noch die Frage im Raum, warum sich etwas Unendliches immer noch ausbreiten kann.

1879, Ulm. Als Sohn liebevoller Eltern wird Albert Einstein in Schwaben geboren. Nach einer zwar sehr guten, aber nicht bemerkenswert ungewöhnlichen Schulzeit begann der junge Einstein im Jahre 1896 sein Studium in der Schweiz. Schließlich verließ er die Hochschule im Jahr 1900 als Mathematik- und Physiklehrer.

Nach vielen wissenschaftlichen Arbeiten und einem bewegten Leben geschah im Jahre 1916 schließlich das, was die wissenschaftliche Welt bis zur heutigen Zeit mitprägen sollte: Albert Einstein publizierte seine allgemeine Relativitätstheorie.

Stark vereinfacht ausgedrückt besagt diese Theorie unter anderem, dass das Universum unendlich ist. Problematisch an solchen Aussagen ist, dass sie durch von Menschen gemachte Formeln und Vorstellungen getätigt und begründet werden – und Menschen sind nicht nur beschränkt, sondern sie machen auch Fehler. Eine vermeintliche Berechenbarkeit von z.B. der Raumzeitkrümmung oder der Lichtablenkung sind also nichts weiter, als das, was ein Mensch als Fundament an Formeln und Ideen auf Basis von zu dem Zeitpunkt geltenden wissenschaftlichen Erkenntnissen geschaffen hat.

Weiterhin bleibt natürlich offen, ob die limitierte menschliche Mathematik überhaupt dazu in der Lage ist unlogische Sachverhalte zu schildern.

Betrachtet man also das bisher von mir in diesem Kapitel Geschriebene, dann kann man mit Sicherheit davon ausgehen, dass das Universum nicht unendlich ist.

Kommen wir also zur zweiten großen Frage dieses Kapitels: Wie ist das Universum entstanden?

An dieser Stelle besteht wieder das Problem, dass sich der menschliche Verstand keinen beginnlosen Zustand vorstellen kann. Also gehen wir Menschen davon aus, dass das Universum einen Anfang haben müsse. Sollte das wirklich der Fall sein, dann ist die gemeinhin bekannte Urknalltheorie die mit Abstand wahrscheinlichste.

Die dritte Frage dieses Kapitels lautet: Wird das Universum enden und wenn ja, wie wird es dann enden?

Diesbezüglich existiert eine Vielzahl von Theorien. Ich möchte an dieser Stelle die beiden wahrscheinlichsten und logischsten Varianten vorstellen, welche aber aufgrund der lückenhaften menschlichen Wissenschaft keinesfalls als erwiesen gelten.

Beide Theorien beschreiben zuerst einmal die fortschreitende Ausdehnung des Weltalls, welche vermutlich durch den Urknall entstanden ist. So rasen die Gestirne mit einer extrem hohen Geschwindigkeit durch die vermeintlich unendlichen Weiten des Weltalls.

Die erste Theorie geht davon aus, dass es nicht nur einen Urknall gegeben hat, sondern, dass es immer und immer wieder einen Urknall geben wird. Es wird davon ausgegangen, dass sich das Universum am Scheitelpunkt – wieder ein Paradoxon zur Unendlichkeitstheorie – der Ausdehnung wieder zurück zu seinem Ursprung bewegen wird, und, dass dann das ganze Spiel wieder von vorne beginnen wird.

Die zweite Theorie ist etwas komplexer. Als Analogie möchte ich einen Luftballon benutzen. Wenn man einen neuen Luftballon kauft und ihn ganz langsam aufbläst, dann erkennt man, dass die Oberfläche des Luftballons immer dünner wird. Zeichnet man auf den Luftballon mit einem Filzstift kleine schwarze Punkte und Kreise, dann wird man erkennen, dass sich diese Markierungen umso weiter voneinander entfernen, je stärker man den Luftballon aufbläst. Außerdem entfernen sich die Punkte und Kreise immer weiter vom Mittelpunkt, welcher sich innerhalb des Luftballons befindet. Wenn man nun immer und immer mehr Luft in den Luftballon bläst, dann wird die Oberflächenspannung irgendwann so groß, dass der Luftballon platzt.

Die Aussage der zweiten Theorie ist, dass sich das Universum genauso verhält, wie der Luftballon. So entfernen sich die Gestirne innerhalb eines Sonnensystems stetig voneinander, einzelne Sonnensysteme entfernen sich stetig voneinander, Galaxien entfernen sich stetig voneinander, usw.

Geht man nun davon aus, dass die Materie des Universums eben nicht unendlich, sondern endlich ist, dann wird sich auch auf der Oberfläche – vereinfacht ausgedrückt, um bei der Analogie zum Luftballon zu bleiben – des Universums mit der Zeit eine enorme Spannung aufgebaut haben.

Irgendwann ist die Spannung so groß, dass die Materie des Universums nicht mehr ausreicht, um die Spannung auszugleichen. Es kommt zum sogenannten Endknall.

Die erste Theorie klingt zwar nachvollziehbar, sie disqualifiziert sich aber meiner Meinung nach dadurch, dass auch bei ihr in einem gewissen Maße von einer zu ihr paradoxen Unendlichkeitstheorie ausgegangen wird. Die zweite Theorie klingt da schon deutlich logischer, denn mit einer wesentlich größeren Wahrscheinlichkeit ist das Universum endlich, als dass es unendlich ist – das erkennt man vor allem daran, dass es expandiert.

Wie allerdings der Raum beziehungsweise die Leere aussieht, in welchen sich das Universum ausbreitet, vermag niemand zu sagen. Auf die Theorie, dass es mehrere, wenn nicht gar unendlich viele Universen geben könnte, werde ich nicht näher eingehen, weil auch hier das Wort „unendlich“ genauso fehlerhaft ist, wie bei der Frage, ob unser Universum unendlich ist.

E.T. nach Hause telefonieren

Gibt es außerirdisches Leben?

Wir schreiben das Jahr 1946 in dem wunderschönen US Amerikanischen Staat Ohio. In „The Queen City“ wird in diesem Jahr jemand geboren, der sich im Laufe seines Lebens als der einflussreichste Filmemacher der Geschichte herausstellen sollte. Steven Spielberg wuchs als Sohn jüdischer Eltern in New Jersey und Arizona auf. Nach einer eher durchschnittlichen, aber wohlbehüteten Kindheit entschloss er sich zu einem Filmstudium an der California State University, nachdem zwei Bewerbungen an der University of Southern California erfolglos geblieben waren.

1968 sollte dann schließlich das Jahr des Durchbruches für den damals 22-jährigen Filmemacher werden. Sein Kurzfilm Amblin’ wurde beim Atlanta Film Festival entdeckt und bescherte Spielberg einen langjährigen Vertrag mit den renommierten Universal Studios.

Es folgte eine Vielzahl von Klassikern der amerikanischen Filmgeschichte, allen voran *Jurassic Park, Schindlers Liste und Saving Private Ryan* – und natürlich *E.T. – der Außerirdische.* Neben falschen Obduktionen von angeblichen Aliens, welche angeblich in der US Militärbasis Area 51 in Nevada stattgefunden haben sollen, ist es vor allem das Bild von E.T., das noch bis in die heutige Zeit die visualisierte Vorstellung der Menschen bezüglich Außerirdischer ist.

So ist E.T. schleimig bis klebrig, menschenähnlich im Körperbau, extrem intelligent und neugierig, relativ klein und hochentwickelt. Wo man auch hinschaut gleichen sich die Bilder, auch, wenn sich Kopfform, Hautfarbe oder andere Kleinigkeiten je nach Film, Buch oder Serie ändern. In der Regel stellen wir uns Aliens als kleine, menschenähnliche Hochtechnologen vor.

1874, Albany, New York, USA. Charles Hoy Fort wird als Abkömmling einer holländischen Familie geboren. Neben seinem autoritären Vater gehörten noch seine Mutter und seine zwei Brüder zur Familie. Schon früh entdeckte der junge Charles die Natur für sich, wodurch er sehr schnell lernte und stets wissbegierig bezüglich seiner Leidenschaft war.

Nach einer langen Reise durch die USA, Teile von Europa und Südafrika, kehrte er nach New York zurück. Aufgrund des väterlichen Erbes konnte er sich ab dem Jahr 1916 voll auf das Schreiben von Büchern und das Veröffentlichen seiner Geschichten konzentrieren. Dies mündete in dem meiner Meinung nach wichtigsten Werk seines Schaffens – dem *Book of the Damned* von 1919.

Das Buch der Verdammten ist deswegen so interessant, weil Charles Hoy Fort sich in diesem Buch mit Phänomenen auseinandergesetzt hat, die durch die Wissenschaft nicht oder nur sehr unzureichend erklärbar sind. Diese Phänomene bezeichnete er als die für die Wissenschaft Verdammten – daher auch der Titel seines Buches.

Ähnlich verhält es sich auch mit Außerirdischen in der heutigen Zeit. An dieser Stelle spielt die vermutlich richtige Erkenntnis eine Rolle, dass das Universum nicht unendlich, sondern limitiert ist. Allerdings ist der Raum des Universums so groß, dass er wie gesagt für den menschlichen Verstand nicht erfassbar scheint. Wie können wir uns also anmaßen zu behaupten, dass es kein außerirdisches Leben gibt? Welcher Mensch weiß schon, wie viele unentdeckte Welten, Galaxien etc. noch darauf warten, von der Menschheit entdeckt zu werden?

Ein anderer Punkt ist, dass die Wissenschaft behauptet, dass Wasser das Elixier des Lebens sei. Woher wollen wir das wissen? Wir kennen einen Planeten, auf welchem relativ weitentwickelte Lebensformen leben. In der Statistik würde man von einer deutlich zu kleinen Stichprobe sprechen, um allgemeingültige Bedingungen für die Entstehung von Leben formulieren zu können. Vielleicht gibt es dort draußen Lebewesen, die sich von Felsen ernähren? Oder es existieren Lebensformen, die sich gar nicht ernähren müssen, um leben zu können? Oder es leben irgendwo kleine grüne Männchen, die sich von einem Stoff ernähren, der der Menschheit völlig unbekannt ist.

Es ist faszinierend wie schnell die Menschen allgemeingültige Aussagen treffen, obwohl sie nur einen bewohnten Planeten und einen vermutlich winzig kleinen Teil des Universums kennen.

Ich habe das Fazit – zumindest einen Teil davon – dieses Kapitels zwar jetzt schon erläutert, aber ich möchte dennoch einige weitere Theorien beschreiben, welche sich um Außerirdische ranken.

Eine dieser Theorien nennt sich Prä-Astronautik. Die Prä-Astronautik stellt die Theorie auf, dass es vor den Menschen Aliens gab, welche eine Art Menschensaat auf die Erde gebracht haben, damit die Menschen wachsen und für die Aliens arbeiten konnten.

Ica, Peru. Nahe der südlich gelegenen peruanischen Stadt wurden angeblich im Jahre 1961 Steine gefunden, welche angeblich Technologien zeigten, die es zu der Zeit ihrer angeblichen Erschaffung so noch nicht gab – darunter z.B. Gehirnoperationen, Luftfahrzeuge und Teleskope. Außerdem zeigten die Abbildungen auf den Steinen auch ausgestorbene Tiere, welche, so Anhänger der Prä-Astronautik, dem Menschen zum Zeitpunkt ihrer vermutlichen Erschaffung noch gar nicht bekannt waren, wie z.B. Dinosaurier. Die Prä-Astronautik-Gläubigen denken, dass die Steine zusammengenommen die Geschichte einer längst vergessenen, außerirdischen Spezies sind.

Es gibt viele derartige Entdeckungen, die angeblich von Außerirdischen stammen sollen. Das Problem an solchen Funden ist immer, dass sie zumeist von Leuten stammen, die der Prä-Astronautik verfallen sind – und eben nicht von anerkannten Wissenschaftlern. So glauben diese Menschen z.B. auch, dass die fernöstlichen Völker mit schmalen Augenlidern – allen voran die Chinesen – unmittelbar von den

Aliens abstammen. Deswegen gäbe es von ihnen auch so viele. Komisch nur, dass es fast genauso viele Inder gibt.

Eine andere diesbezügliche Theorie besagt, dass die Aliens auf der Erde nach Gold gesucht haben, weil sie auch auf ihrem Planeten ein Problem mit der globalen Erwärmung hatten. Deswegen wollten sie über ihrem Planeten einen goldenen Schutzschirm errichten. Die Aliens hätten die Menschen geschaffen, damit die Menschen für sie arbeiteten. Verwunderlich ist nur, dass die Goldreserven der Erde gerade einmal dafür ausreichen würden, um ein vierstöckiges Wohnhaus zu bauen.

Alle diese Theorien haben eines gemeinsam: Ihnen fehlt jede wissenschaftliche Grundlage. Ähnlich der Verschwörungstheorien um das WTC und den 11. September sind sie also nichts weiter als Hirngespenster, die nicht weiter widerlegt werden müssen, weil sie keine Grundlage haben.

Um zum zweiten Teil meines Fazits, aber damit immer noch nicht zum Ende dieses Kapitels zu kommen:
Warum meinen Menschen häufig, dass die Existenz von Aliens damit einhergehen müsse, dass uns diese Außerirdischen schon einmal besucht haben? Aufgrund der Größe des Universums ist es einfach deutlich wahrscheinlicher, dass sehr viele Zivilisationen unbemerkt voneinander leben – viele aber auch nicht. Aufgrund unserer niedrigen Entwicklungsstufe – immerhin haben wir erst Mitte des letzten Jahrhunderts mit der aktiven Raumfahrt begonnen – können wir die Frage einfach nicht beantworten, ob uns Aliens schon einmal besucht haben. Wahrscheinlich ist es nicht. Wahr-

scheinlich ist aber, dass es Außerirdische gibt, das gebietet schon die schiere Größe des Universums.

Ich möchte an dieser Stelle mit einer Theorie weitermachen, die maßgeblich von Albert Einstein beeinflusst wurde: Das anthropische Prinzip.

Der Begriff wurde allerdings erst im Jahre 1973 durch den Wissenschaftler Brandon Carter geprägt. Wie bei fast allen Wissenschaften, sind sich die Anhänger des anthropischen Prinzips auch nicht immer ganz einig. So existieren innerhalb dieser recht neuen Wissenschaft viele Fraktionen und Zweige, welche jeweils meinen die allgemein gültige Wahrheit gepachtet zu haben. Einig sind sich aber alle weitgehend in einem Punkt: Da es uns Menschen gibt, welche darüber diskutieren, ob es intelligentes Leben im All geben kann, muss es zumindest die Möglichkeit geben, dass intelligentes Leben im All entstehen kann – schließlich gibt es ja uns Menschen.

Im Gegensatz zu fast allen Pseudo-Wissenschaften, die sich mit Außerirdischen befassen, ist das anthropische Prinzip zumindest in seinen fundamentalen Bereichen logisch und durchaus wissenschaftlich definiert. Der Namensgeber dieser Wissenschaft unterteilt das Prinzip in drei Bereiche:
Allgemeines anthropisches Prinzip: Wir können nur das beobachten, was uns unter anderem nach aktuellem Stand der Technik möglich ist.
Schwaches anthropisches Prinzip: Es ist möglich, dass wir die einzigen Beobachter im Universum sind, vor allem dadurch, dass die Erde ein privilegierter Ort ist – darauf müssen wir vorbereitet sein.

Starkes anthropisches Prinzip: Das Universum muss dazu in der Lage sein, dass es Beobachter in manchen seiner Phasen erlaubt.
Natürlich habe ich alle drei Regeln des anthropischen Prinzips stark vereinfacht beschrieben. Außerdem handelt es sich um meine Interpretation der Originalformulierungen. Wichtig bei diesem Prinzip ist vor allem, dass biologische Rahmenbedingungen des Beobachters bei z.B. der Interpretation von kosmologischen Daten miteinbezogen werden.

Fakt ist, dass es durchaus möglich ist, dass es außerirdisches Leben geben könnte – schließlich hat das Universum bewiesen, dass in ihm intelligentes Leben entstehen kann. Wie dieses Leben allerdings aussieht und ob wir ihm begegnet sind oder noch begegnen werden, kann kein Mensch mit wissenschaftlichen Methoden mit Sicherheit sagen.

Von Benimmregeln und Moral

Was sind Sitten?

In der Menschheitsgeschichte ist immer wieder von dem Wort „Moral“ oder auch den „Sitten“ die Rede. Auch heutzutage fallen diese Worte bei z.B. der Diskussion um zu hohe Managergehälter. Aber was sind eigentlich Sitten und was ist die viel zitierte Moral?

Beginnen möchte ich mit dem offensichtlichen und einfach nachvollziehbaren Sittenbegriff. Jeder kennt es, wenn man als kleines Kind bei Tisch sitzt und die Mutter sagt, dass man sich gerade hinsetzen, die Hände auf den Tisch legen und aufessen soll. Solche Verhaltensweisen nennt man gemeinhin Benimmregeln. Sie spielen aber nicht nur am familiären Esstisch eine Rolle, sondern auch im sonstigen alltäglichen Leben. So hilft man einem älteren Menschen gerne über die Straße oder überlässt ihm den eigenen Sitzplatz in einem öffentlichen Verkehrsmittel. Man drängelt sich nicht in einer Warteschlange nach vorne und man wäscht sich – nicht nur aus hygienischen Gründen – nach einem Klogang die Hände.

Derartige Verhaltensregeln haben sich im Laufe der Zivilisierung der Menschheit eingeprägt und als gute Regeln für ein konfliktarmes Miteinander erwiesen.

1752, Bredenbeck, Deutschland. In diesem Jahr brachte der deutsche Pseudoadel einen Abkömmling hervor, der heute wie kein Zweiter für Benimmregeln steht. Als Sohn einer verarmten Familie wird Adolph Freiherr Knigge im kleinen Ort Bredenbeck (bei Hannover) geboren. Im Alter von gerade einmal 14 Jahren ist der junge Knigge bereits Vollwaise und erbt die hohen Schulden seiner Eltern.

Schließlich wird Knigge von seinem neuen Vormund nach Hannover geschickt, um dort in einem klassischen Privatunterricht erzogen und unterrichtet zu werden. Schließlich fruchtet der Unterricht und Knigge erhält die Chance in Göttingen Kameralistik und Jura zu studieren.

Knigge arbeitete als Angestellter von unterschiedlichen Adligen, unter anderem als Kammerherr eines Herzogs im Raum um Weimar. Außerdem verkehrte er in unterschiedlichen Geheimbünden, darunter den Freimaurern und dem Illuminatenorden.

Im Jahr 1788 erschien dann schließlich das Werk, welches noch heute fälschlicherweise als Grundlage für eine ganze Reihe von Benimmratgebern gilt. *Über den Umgang mit Menschen* war ursprünglich ein Werk, das als Aufklärungsschrift für Höflichkeit und Taktgefühl im Umgang mit Menschen gedacht war. Das erste „Kniggebuch“ war also kein Benimmbuch, sondern ein Buch, das sich fundiert mit soziologischen Aspekten des Menschseins beschäftigte.

Nach Knigges Tod im Alter von nur vierundvierzig Jahren erweiterte der Verlag, der *Über den Umgang mit Menschen* veröffentlicht hatte, das Buch einfach um Benimmregeln.

Daher rührt auch eine ganze Welle von Kniggeratgebern, die heute die Buchmärkte mit Benimmregeln überschwämmen, die nicht im Sinne des vermeintlichen Erfinders liegen.

Dennoch beschreiben die aktuellen Kniggebücher, auch, wenn es der Namensgeber nicht beabsichtigt hatte, Regeln, die für sittliches Benehmen stehen. Diese Regeln verändern sich je nach Zeit und Generation.

Sittliches Verhalten unterscheidet sich aber nicht nur durch den zeitlichen Aspekt, sondern auch durch regionale Unterschiede. So ist das Rülpsen am Tisch in Deutschland sehr unhöflich, in China gilt es jedoch als höflich, weil es symbolisiert, dass es dem Essenden geschmeckt hat.

Das Wort „Sitte“ beschreibt also einerseits höfliches und angemessenes Verhalten. Aber der Begriff hat noch eine weitaus fundamentalere Bedeutung. Im Wörterbuch steht, dass das Wort „Sitte“ Folgendes bedeutet:
„Auf den allgemeinen Moralgesetzen beruhende Verhaltensweise […]“.

Es wird also deutlich, dass der Begriff „Sitte“ ganz eng mit dem Begriff „Moral“ verbunden ist. Das wird auch im deutschen Recht sehr deutlich. So bezeichnet der §138 des Bürgerlichen Gesetzbuches (BGB) sittenwidrige Rechtsgeschäfte als von Anfang an nichtig. Das Problem ist, dass weder der Begriff der „Moral“, noch der Begriff der „Sittlichkeit“ explizit definiert werden. Mit der schwammigen Erklärung aus dem Wörterbuch kommt man hier nicht weiter.

So stellt sich zum Beispiel die Frage, was die „allgemeinen Moralgesetze“ sind. Ein mehrfach vorbestrafter Mensch wird einem hier sicherlich eine andere Antwort liefern, als ein kirchentreuer Pfarrer – um einmal Klischeebeispiele aufzugreifen. Neben dem Wucher werden im BGB z.B. kaum Beispiele genannt, welche auf eine Sittenwidrigkeit hindeuten könnten.

Um bei der Findung einer gültigen Definition von „Sitte“ weiterzukommen, sollte man eventuell die einzelnen Teile der Wörterbuchdefinition aufspalten und einzeln behandeln. Vielleicht ist das Wörterbuch als Hilfestellung also doch noch nicht ganz am Ende.

Ohne weiter auf das Wörterbuch zurückzugreifen, werde ich versuchen mit meinem gesunden Menschenverstand zu arbeiten.

„Allgemein“ würde ich folgendermaßen definieren:
Das, was für die Mehrheit der Menschen oder für den Großteil eines Sachverhalts gültig ist.
„Moral“ definiert die grundlegenden Wertvorstellungen der Menschen, welche ein konfliktarmes Miteinander fördern sollen.
Das Wort „Gesetze“ ist hier meiner Meinung nach völlig fehl am Platze, denn ein Gesetz zwingt einen Menschen unter Androhung von Strafe zur Einhaltung von bestimmten Regelungen. Das ist bei moralischen Vorstellungen aber nicht machbar, weil sie weder bindend formuliert, noch allgemeingültig durchsetzbar sind. Folglich würde ich das Wort „Gesetze“ durch das Wort „Vorstellungen“ ersetzen.

Auf den allgemeinen Moralvorstellungen beruhende Verhaltensweise. Irgendetwas stört mich immer noch an dieser Formulierung. Das Wort „Verhaltensweise“ passt hier meiner Meinung nach nicht, denn eine Verhaltensweise ist der Mechanismus zu einer aktiven Handlung. Sittlichkeit spielt aber nicht nur beim aktiven Handeln, sondern auch bei passiven Eigenschaften des Menschen eine Rolle. Ergo würde ich das Wort „Verhaltensweise“ durch die Begriffe „Handeln oder Eigenschaften“ ersetzen. So deckt man alle menschlichen Handlungen (inklusive Denkprozessen) und bestimmte menschliche Eigenschaften ab und eben nicht nur aktive Mechanismen.

Auf den allgemeinen Moralvorstellungen beruhende(s) Eigenschaften oder Handeln. Das klingt doch schon deutlich besser. Allerdings ist mir der Begriff „allgemein“ immer noch nicht ganz klar.

1933, Deutschland. Die Mehrheit der Deutschen, größtenteils aufgrund der Verunsicherung durch die Weltwirtschaftskrise, verhilft einem Mann zur Macht, der die moralischen Werte der Deutschen für zwölf Jahre verändern sollte. So verwandelte sich in dieser Zeit das Wort „brüderlich“ in der dritten Strophe von dem Lied der Deutschen in den Herzen der Bevölkerung in das Wort „Hass“. Verfassungsmäßige Menschenrechte wurden dadurch umgangen, dass man Menschen in „echte Menschen“ und „Untermenschen“ unterteilt hatte.

In so einer Zeit fällt es schwer an allgemein gültige Moralvorstellungen zu glauben, denn das Wort „Moral“ impliziert, dass etwas „richtig“ ist.

Das Wort „allgemein“ muss also noch näher definiert werden. So würde ich „allgemein“ wie oben beschrieben definieren, mit der folgenden Ergänzung:
Das, was für die Mehrheit der Menschen oder für den Großteil eines Sachverhalts gültig ist *und über einen langen Zeitraum konfliktarm gültig war*. Wobei der Begriff „lange“ hier einen Zeitraum von mindestens einhundert Jahren beschreibt, um auch Perversionen wie Josef Stalin oder Mao Zedong aus dem Weg zu gehen. So ist nämlich weitgehend sichergestellt, dass nicht ein einzelner Mann und/oder eine einzelne Gesinnung dazu in der Lage ist/sind, die Moralvorstellungen der Menschen dauerhaft zu verändern.

Die Schöber'sche Sittendefinition lautet also wie folgt:
Auf den allgemeinen Moralvorstellungen beruhende(s) Eigenschaften oder Handeln, wobei erst ab einem ununterbrochenen, konfliktarmen Zeitraum von mindestens einhundert Jahren, und von der Mehrheit des Volkes freiheitlich bestätigten Vorstellungen, von „allgemein“ gesprochen werden kann. Konfliktarm bedeutet, dass in diese Zeit weder Angriffs- noch Bürgerkriege, weder Genozid noch religiöse Gewalt und weder Tyrannei noch Alleinherrschaft fallen.

Abschließend möchte ich festhalten, dass moralische Vorstellungen im Gegensatz zu Benimmregeln sehr wohl zwangsläufig regional und temporär übergreifend sein sollten. Bei Benimmregeln ist dies aufgrund der unterschiedlichen Entwicklung der Völker nur noch sehr bedingt durchsetzbar, aber eine grundlegende Moral sollte allen Menschen (volks-, rassen-, konfessions-, regions- und zeitunabhängig) innewohnen.

Ich hoffe, dass wir Menschen endlich wieder zu mehr Brüderlichkeit finden werden, und, dass das Töten und Morden aufgrund von moralfreien Werten – allem voran des Geldes wegen – endlich ein Ende findet.

Es gibt einen alten deutschen Ausspruch:
„Gemeinsam sind wir stark“.

Chronologie des Grauens

Die Lehren der Geschichte

Das persische Reich verdankte seinen schlechten Ruf und seinen schlussendlichen, militärischen Misserfolg vor allem einem Mann: Xerxes.

Der selbsternannte Gottkönig Xerxes I. wurde im Jahr 519 vor Christus als Sohn des Dareios I. geboren. Sein Vater ist durch die frühen Perserkriege und vor allem durch die Schlacht von Marathon bekannt, welche noch heute der Namensgeber für den Marathonlauf ist.

Neben seinem geringen militärischen und strategischen Geschick, war Xerxes I. für seine geringe Toleranz gegenüber andersartigen Religionen, seinen stoischen Charakter und seine aufbrausende Art bekannt. So waren nicht nur die fehlgeschlagenen Feldzüge in Griechenland für ein Scheitern des Persischen Großreiches verantwortlich, sondern auch Xerxes geringe Bereitschaft andersdenkende Menschen, Völker, Organisationen und Staaten zu akzeptieren.

Diese Intoleranz, in Kombination mit seinem boshaften und leicht zu entzündenden Charakter, trug schließlich dafür Sorge, dass in Xerxes Reich mehr die Willkür, als politisches Geschick regierte. So kann man Xerxes I. getrost als den ersten klassischen Despoten der Menschheitsgeschichte bezeichnen.

Circa einhundert Jahre nach Xerxes Tod wurde in Makedonien ein Junge geboren, der das erste sogenannte Weltreich, welches eigentlich keines war, schaffen sollte. Alexander der Große wurde als Sohn des kriegssüchtigen und tyrannischen Herrschers Makedoniens, Phillip II., geboren.

Die frühe Kindheit und auch Jugend Alexanders ist relativ nebulös und sehr lückenhaft, bis gar nicht überliefert. Legenden und Geschichten gehen aber häufig unabhängig voneinander davon aus, dass das Verhältnis zwischen Phillip und Alexander schon sehr früh angespannt und schwierig war. Nach der Ermordung seines Vaters, von welcher Alexander nicht mit Sicherheit freizusprechen ist, folgte er ihm im Alter von nur zwanzig Jahren auf den makedonischen Thron.

Schon zu Beginn seiner Herrschaft zeichnete sich der despotische Charakter Alexanders ab, der für diese Zeit alles andere als untypisch für Herrscher war, als er viele Mitglieder des Hofstaates hinrichten ließ, weil diese Gerüchte streuten, dass Alexander für den Tod seines Vaters verantwortlich sei.

Nachdem sich Alexander mehrerer Revolten von durch Makedonien unterworfenen Völkern erwehrt hatte, begann er im Jahre 334 vor Christus mit seinem ersten Angriffskrieg: dem Perserfeldzug. Alexander hatte schon sehr früh ein Auge auf das Persische Reich geworfen, weil es zu seiner Zeit die größte und stärkste Macht der Welt war, auch, wenn schon gut ein Jahrhundert zuvor durch Xerxes schlussendlich sein Untergang eingeläutet worden war, weil zuvor nicht unterworfene Völker gegen Persien in den Krieg ziehen werden sollten.

Eine detailierte Behandlung des Perserfeldzugs wäre an dieser Stelle unnötig und würde auch den Rahmen dieses Kapitelabschnitts sprengen. Es sei nur soviel gesagt: Alexander siegte über die zahlenmäßig stark überlegenen Perser.

Nach dem Tod von Dareios III. wurde Alexander von falschem Ehrgefühl, militärischem Ehrgeiz und religiösem Eifer immer weiter in seinem Streben nach einem Weltreich getrieben. Er unterwarf noch viele weitere Völker bevor er schließlich im Jahre 326 vor Christus mit seinem Indienfeldzug begann. Nachdem Alexander auch viele Teile Indiens erobert hatte, war er schließlich vor allem durch eine Meuterei seitens seiner Männer zur Umkehr gezwungen.

Im Jahr 323 vor Christus starb Alexander schließlich in seinem geliebten und verehrten Babylon, welches er schon früh in seiner militärischen Laufbahn erobert hatte. Die Theorien über Alexanders Tod sind wie bei so vielen vorchristlichen Herrschern sehr unterschiedlich und reichen von einer Ermordung durch seine Männer, bis hin zu einem Tod durch Fieber.

Gaius Iulius Caesar, Deutschen besser bekannt unter dem Namen Julius Cäsar, wurde im Jahre 100 vor Christus in Rom geboren. Nach einer sehr ereignisreichen Jugend und vielerlei Geschehnissen führte Cäsar in Gallien Krieg, in dessen Folge vermutlich weit über zwei Millionen Menschen entweder getötet oder versklavt worden waren – eine unfassbare Zahl, wenn man bedenkt, dass damals deutlich weniger Menschen in Zentraleuropa gelebt haben, als heute. Um die Zahl in eine vernünftige Relation zur damaligen Bevölkerungszahl zu setzen, muss man sich nur einmal die Stadt Rom anschauen, welche als damalige Weltmetropole circa einer Million Menschen Platz bot.

Cäsar führte eine Vielzahl von weiteren Feldzügen, unter anderem in Germanien, wo er den Rhein überquerte, was einen Großteil der Germanen so sehr beeindruckt hatte, dass sie von Aufständen gegen die römische Vorherrschaft absahen (vgl. Julius Cäsar: *Commentarii de Bello Gallico*). Es folgten viele weitere Schlachten, vor allem aber der römische Bürgerkrieg (oder Bürgerkriege), der im Jahre 53 vor Christus seinen Anfang genommen hatte und aus welchem Cäsar erstarkt im Jahre 45 vor Christus hervorging.

Durch seine nun gestärkte Position in der römischen Politik und seinen weiteren militärischen Erfolgen, wurde Cäsar schließlich zum Diktator auf Lebenszeit ernannt, was dafür sorgte, dass er im Jahre 44 vor Christus von einer Reihe Senatoren, unter der Führung des Brutus und des Longinus, ermordet wurde.

Vermutlich kurz nach dem Tod von Jesus Christus wurde im Jahr 37 nach Christus ein Despot geboren, der noch heute als der schlimmste Tyrann des römischen Reiches gilt. Schon in einem sehr jugendlichen Alter bestieg Nero den kaiserlichen Thron in Rom. Waren die ersten Jahre seiner Regentschaft noch sehr vielversprechend, kristallisierte sich sein wahrer Charakter relativ schnell heraus.

Nero interessierte sich mehr für die musischen Verlockungen der römischen Gesellschaft, als für staatsmännische Angelegenheiten, wie er es als römischer Kaiser hätte eigentlich tun sollen.

Sein exzentrischer Charakter und seine Vorliebe für die seiner Meinung nach schönen Dinge im Leben sorgten immer mehr dafür, dass Nero seine eigentlichen Aufgaben vernachlässigte und vermutlich aus Frust über sein politisches Ungeschick immer mehr mit harter Hand regierte.

So tötete Nero vermutlich seinen Stiefbruder, weil dieser durch eine Nervenkrankheit als schwächlich galt. Neben seiner Mutter ließ er eine ganze Reihe von Personen hinrichten, die seiner Meinung nach versuchten an seinem Thron zu sägen. Schließlich zwang er seinen engen Vertrauten Seneca zum Selbstmord, weil auch dieser in seinen Augen gegen seinen totalitären Herrschaftsanspruch war.

Im weiteren Verlauf seiner Regentschaft verfolgte Nero vor allem Anhänger des jungen Christentums. Schließlich führten die immer weiter fortschreitenden Eskapaden von Nero zu einem Aufstand in Rom, welcher schlussendlich dafür Sorge trug, dass sich einer der narzisstischen Herrscher aller Zeiten im Jahre 68 nach Christus das Leben nahm.

An dieser Stelle möchte ich ein Zwischenfazit ziehen, damit dem Leser während des Lesens von diesem Kapitel nicht gänzlich der Zweck dieses Kapitels verwehrt bleibt.

Ich habe diese Chronologie nicht nur ausgearbeitet, um aufzuzeigen, wie moralisch falsch – eine absolute Moral vorausgesetzt – Menschen handeln können.

Dieses kollektive Handeln wird zumeist durch einen einzigen Stein des Anstoßes ins Rollen gebracht. Dieser erste „Fehltritt“ ist in den meisten Fällen eine einzelne Person, die zuerst eine kleine Gruppe blendet, welche dann wiederum eine große Masse von Menschen verführt. Daraus ergibt sich folgende Idee:

Das Schöber'sche Theorem der kollektiven Antimoral: Ein einzelner „böser“ Mensch verführt eine ausgewählte Gruppe von Menschen, welche ihm ähnlich dient, wie eine Zielgruppe einem bestimmten Konzern, einer politischen Richtung, etc. Daraufhin beeinflusst diese Gruppe (unter Führung des Einzelnen) eine große Masse von Menschen – und zwar im Interesse, ihrer der Moral zuwiderlaufenden Idee. Falscherweise wird diese Masse in der Historie als weit weniger böse dargestellt (vgl. z.B. das „Mitläuferprinzip“), als die „Verführer“, allerdings macht die Gruppe die Masse nicht böse, sondern sie wecken nur gewisse Urinstinkte im Menschen. Folglich werden auch die Individuen der Masse in aller Regel böse, wenn man ihnen durch ein totalitäres System die Möglichkeit dazu gibt böse zu sein, denn die Unterdrückung von Schwachen liegt in der Natur des Menschen (vgl. Ausrottung der Neandertaler oder auch das Stanford-Prison-Experiment).

An dieser Stelle möchte ich vor einem abschließenden Fazit dieses Kapitels mit der Chronologie fortfahren, um das Böse im Menschen verdeutlicht darstellen zu können.

Anfang des 4. Jahrhunderts erblickte in Italien der jüngst geborene Sohn von Konstantin I., dem ersten getauften römischen Kaiser, die Welt. Der junge Constans wurde sehr stark durch den zuletzt christlichen Glauben seines Vaters und denn daraus resultierenden Wertewandel in der römischen Gesellschaft geprägt. Neben seinem religiösen Eifer, war es vor allem das von Neid geprägte Verhältnis zu seinen Brüdern, welches schlussendlich dafür sorgte, dass man Constans als den ersten großen antimoralischen, christlichen Eiferer der Geschichte bezeichnen kann.

Es waren bei Constans weniger die militärischen Dinge, welche ihn in dieser Chronologie einer Erwähnung „würdig“ machen, als vielmehr seine Finanzpolitik in Bezug auf die christliche Kirche. So pumpte der junge Kaiser Unsummen in die Kirche, mit Vorliebe für seinen Herrschaftssitz Mailand. Dies sollte mitnichten der letzte Fall sein, bei welchem ein Herrscher die Lehre Christi missversteht und glaubt, dass man Religion in Gold aufwiegen kann.

Viele Jahre nach dem Tod des letzten römischen Herrschers aus dem Hause von Konstantin I., wurde im Jahr 752 Stephan II. zum Papst gekrönt. In dieser Zeit wurde Rom von einem germanischen Stamm bedroht, welcher Rom als sein Eigentum ansah. Die Langobarden ließen sich auch durch einen ausgehandelten Waffenstillstand nicht von ihren niederen Zielen abbringen. Schließlich sah sich Stephan dazu gezwungen außerhalb Roms nach Hilfe zu suchen.

Im Jahre 754 fand er schließlich seinen Erlöser: Pippin III. von Franken. Die genauen Umstände um die Entstehung der nun folgenden Schrift sind ungeklärt, allerdings weiß man, dass sie für eine lange Zeit der wichtigste Machtanspruch der weltlichen Kirche auf absolute Macht war.

Die Konstantinische Schenkung geht auf den römischen Kaiser Konstantin I. (siehe Vater von Constans) zurück, der Zeit seines Lebens ein rigoroser Christenverfolger war. Als sein Leben sich dem Ende genähert hatte, rieten ihm seine heidnischen Priester im Blut von Kindern zu baden, um einer bei ihm ausgebrochenen Krankheit zu entgehen. Trotz seines Leidens brachte der Kaiser diese Bluttat allerdings nicht übers Herz. Schließlich erschienen ihm angeblich die Apostel Paulus und Petrus, welche ihm mitgeteilt haben sollen, dass er Heilung durch den amtierenden Papst Silvester I. finden könne. Die Legende sagt, dass Konstantin daraufhin von Silvester getauft und geheilt wurde.

Aus unendlicher Dankbarkeit heraus soll Konstantin nun die absolute Herrschaft der christlichen Kirche über das Abendland anerkannt haben. Er verlieh Silvester, so die Geschichte, die kaiserlichen Vorrechte und Insignien, den Lateranpalast und den Anspruch als oberste christliche Kirche. Außerdem verlegte Konstantin seinen Amtssitz von Rom nach Konstantinopel, um zu zeigen, dass nur der Papst über mehr als weltliche Macht verfügt und ihm somit der prestigeträchtige Sitz in Rom gebührt.

Erst im 15. Jahrhundert, also circa siebenhundert Jahre nach der angeblichen Schenkung, wurde das Dokument als Fälschung entlarvt, weil es unter anderem über einhundert historische Fehler enthält. Das Dokument, mit welchem die katholische Kirche viele Jahrhunderte ihre missbräuchliche

Gesamtherrschaft begründet hatte, wurde als größte Lüge der Geschichte bloßgestellt.

Wie genau die Umstände um die Entstehung der Schenkung auch gewesen sein mögen, nicht zuletzt durch Stephan II., aber auch Benedikt VII., fand eine der missbräuchlichsten Arten mit Glauben umzugehen statt, welche es jemals gegeben hat. Noch heute begründet die katholische Kirche den Kirchenstatt teilweise durch ein Dokument, welches auf Pippin III. zurückgeht und sehr stark durch die Konstantinische Schenkung beeinflusst wurde: Die Pippinsche Schenkung.

Im 8. und frühen 9. Jahrhundert regierte in Zentraleuropa ein Herrscher, der gerade in Deutschland zum Sinnbild des Herrschertums werden sollte. Carolus Magnus wird Mitte des 8. Jahrhunderts geboren. Für das Abendland sollte Carolus einer der wichtigsten Regenten aller Zeiten werden, für Nicht-Christen sollte er sich als Geißel erweisen.

Bereits 768 wurde Carolus zum Herrscher des riesigen fränkischen Reiches, welches er mit harten Hand und rigoroser Intoleranz regierte. Nur vier Jahre nach seinem Amtsantritt warf er sich in einen der blutigsten und längsten Kriege des Mittelalters, die im Jahre 772 beginnenden Sachsenkriege. Die Sachsen waren im 8. Jahrhundert ein Volk, welches weitgehend einer Christianisierung entgangen war und stark an den altgermanischen Traditionen, Gebräuchen und vor allem der urtümlichen germanischen Religionen und Gottheiten festhielt. Wie so oft in der Geschichte muss man auch bei den Sachsenkriegen zwischen den Begriffen „Auslöser“ und „Ursache“ unterscheiden.

Der Auslöser für die Feldzüge von Carolus, der als Karl der Große in die Geschichte eingehen sollte, in Sachsen waren Raubzüge, welche die sächsischen Stämme regelmäßig auf fränkischem Gebiet begangen. Die Ursache ist hier aber mit an Sicherheit grenzender Wahrscheinlichkeit nicht zu suchen. Karl der Große war für die christliche Kirche einer der wichtigsten Eiferer und somit der ideale Kriegsherr im Kampf gegen die heidnische Germanenreligion.

Die Sachsenkriege waren also weniger Feldzüge, welche einem weltlichen Herrschaftsanspruch dienlich sein sollten, als vielmehr die brutale, circa dreißigjährige Christianisierung des Sachsenvolkes.

Im Jahre 773 waren es wieder die damaligen Erzfeinde des christlichen Roms, die Langobarden, welche unfreiwillig dafür sorgten, dass Karl zu seinem zweiten großen Krieg kommen sollte. Er unterwarf sie kurzerhand und ließ sich folgend selbst zum König der Langobarden krönen, vor allem um ihr Reich größtenteils dem fränkischen Reich angliedern zu können.

778 folgten dann die Kreuzzüge gegen die Mauren, welche sich im heutigen Spanien verankert hatten. Die Bemühungen des fränkischen Heeres scheiterten und Karl wurde so zum ersten Mal in seiner Regierungszeit zu diplomatischem Handeln in großem Maßstab genötigt. Obwohl auch die Feldzüge gegen die Mauren in erster Linie einer Stärkung des europäischen Christentums dienen sollten, nahm Karl vermutlich im Jahre 797 diplomatische Beziehungen zum Kalifen von Bagdad auf, in deren Folge festgelegt wurde, dass die jeweils anderen Religionen auf dem jeweils anderen

Staatsgebiet zu tolerieren sind. Die sollte einer der wenigen Momente sein, welche einen toleranten Karl zeigen sollten – genötigt durch eine militärische Niederlage.

Es folgten viele weitere Feldzüge und kleinere Auseinandersetzungen mit anderen Reichen. Vor allem aber die Deportation zahlloser Sachsen sorgt dafür, dass Karl auch heute noch als einer der schlimmsten mitteleuropäischen Despoten zu gelten hat, ein Ruf, welcher ihm unverständlicherweise gerade in Deutschland nicht anhaftet. Nicht nur im Mittelalter und der frühen Neuzeit galt Karl als die Lichtgestalt des Deutschtums – eine Lichtgestalt, die auch gerne von den Nazis aufgegriffen werden sollte.

1157, Oxford, England. Richard I., den meisten wohl besser bekannt als Richard Löwenherz, wird geboren. Neben vielen Ereignissen in Richards Leben ist es vor allem seine Teilnahme am dritten christlichen Kreuzzug, die ihn in diese Chronologie drängt.

Im Jahre 1189 brach Richard zum Dritten Kreuzzug der Christenheit auf, um die heilige Stadt Jerusalem vom muslimischen Herrscher Saladin zu befreien. In Messina geschah schließlich ein Ereignis, welches den Ruf der Christenheit in der Region noch bis in die heutige Zeit begründet. Nach der Eroberung der Stadt durch die Kreuzfahrer, plünderten Richards Truppen die Stadt für mehrere Stunden. Das Heer, das im Namen einer Religion kämpfte, die für Versöhnung und Brüderlichkeit steht, schlachtete die einfachen Zivilisten der Stadt ab, vergewaltigte Frauen und Mädchen und raubte wertvolle Kulturschätze. Eines von vielen Beispielen für die Verdorbenheit damaliger Herrscher: Friedlich erdachter Glaube musste als Rechtfertigung für absolute Herrschaft herhalten.

Europa, 15./16. Jahrhundert. Die Inquisition feiert zu dieser Zeit ihren Höhepunkt, vor allem im neochristlichen Spanien, aber auch in vielen anderen europäischen Gegenden. 1430 wird im Elsass ein Junge geboren, dessen unmoralisches Gemüt im Mittelalter nur schwer zu übertreffen sein sollte. Heinrich Kramer wurde als Sohn sehr armer Eltern geboren, was ihn schon in der Pubertät zu einem Dominikaner werden ließ. Erst spät begann er ein Studium der Philosophie und schaffte schließlich im Jahre 1474 seinen Abschluss. Schließlich wurde er im Jahr 1479 zum Inquisitor ernannt. Nach einigen Streitigkeiten mit führenden Persönlichkeiten der damaligen Zeit tat Kramer etwas, das ihn bis heute berüchtigt macht. Er verfasste den 1486 erschienenen *Malleus Maleficarum* – den Hexenhammer.

Es sollten circa zwei Jahrzehnte des religiösen Terrors in Deutschland folgen, denn der Hexenhammer diente der deutschen Inquisition als Standardwerk für die Verfolgung von vermeintlichen Hexen und Teufelsanbetern. Das Perfide daran ist, dass der Hexenhammer gar nicht hätte soweit kommen dürfen, denn nicht zuletzt durch Fälschungen seitens Kramers wurde das Buch erst zu dem, was es noch bis ins 17. Jahrhundert hinein bleiben sollte – eine Rechtfertigung für unmoralisches Handeln im Namen eines fehlinterpretierten christlichen Glaubens. Kramer fälschte zahlreiche Dokumente und Zitate, welche dem Werk eine offizielle, kirchliche Echtheit und Autorität verschaffen sollten. So gab er z.B. den Dominikaner und bekannten Gegner der Hexenverfolgungen Jakob Sprenger als Mitautoren des Hexenhammers an.

Hätte man also die Echtheit des Hexenhammers damals auf Herz und Nieren geprüft, dann wäre der Hexenhammer mit Sicherheit nicht zum Fundament einiger der schlimmsten Gräueltaten des Mittelalters und der Renaissance geworden. So versetzte häufig allerdings schon die pure Anwesenheit eines Inquisitors die Menschen in Angst und Schrecken. Böse Blicke, rote Haare, Denunziationen, Krankheiten und viele andere Dinge reichten häufig aus, um eine angebliche Hexe nach einem Show-Prozess auf den Scheiterhaufen zu bringen.

1491, England. In London wird der zukünftige König von England, Heinrich VIII. geboren. Neben Heinrichs Verfehlungen in militärischen und gesellschaftlichen Fragen, waren es vor allem seine insgesamt sechs Ehen und der Umgang mit seinen ehemaligen Geliebten, welche ihm einen Platz in dieser Chronik sichern. Katharina von Aragòn, ein Mitglied der spanischen Königsfamilie, sollte seine erste Frau werden. Vom englischen Volk geliebt und für ihre Schönheit berühmt, galt Katharina als Musterbeispiel für eine adlige Dame des 16. Jahrhunderts. Neben dem Ausbleiben eines männlichen Thronfolgers spielte vor allem Anne Boleyn eine entscheidende Rolle bei der Trennung von Heinrich und Katharina. Heinrichs Problem war allerdings, dass man sich zur damaligen Zeit nicht so einfach von seiner Ehefrau scheiden lassen konnte und alle seine Versuche in diese Richtung scheiterten, vor allem, weil Clemens VII., der damalige Papst, einer Nichtigkeit der Ehe nicht zustimmte.

Schließlich sagte sich Heinrich vom christlich-katholischen Glauben los, für welchen er zuvor zahlreiche Morde hatte begehen lassen und gründete im Jahre 1534 die Anglikanische Kirche. Anne Boleyn hatte entscheidend bei der Gründung dieser neuen Kirche mitgeholfen, um durch eine Heirat mit Heinrich ihre neu gewonnene Machtstellung sichern zu können. Katharina wurde von Heinrich fernab von seinem Amtssitz in ein zugiges Schloss geschickt. Sie starb arm und einsam im Jahre 1536 an Krebs.

Anne Boleyn sollte es nicht viel besser ergehen. Da sie Heinrich nur ein gesundes Kind geschenkt hatte, welches allerdings ein Mädchen war, ließ Heinrich sie im Mai 1536 unter dem Vorwand des Ehebruches, der allerdings niemals stattgefunden hatte, hinrichten – zusammen mit ihren angeblichen Liebhabern, von welchen einer sogar ihr Bruder war. So fanden schließlich sechs Menschen den Tod durch den Henker, um den Weg für Heinrichs dritte Frau, Jane Seymour, freizumachen.

Es folgte ein Bürgerkrieg zwischen Katholiken und Heinrichs Anhängern, welcher in einer neuen Untat seitens Heinrichs mündete. Durch seine militärische Unterlegenheit gegenüber den Aufständischen gebot Heinrich, dass Jane zur katholischen Königin gekrönt werden sollte. Nachdem sich der Aufstand gelegt hatte, schien Heinrich seine Versprechungen vergessen zu haben. Er jagte die Führer des Aufstandes und ließ sie einem nach dem anderen hinrichten.

Im Jahre 1537 starb schließlich auch Jane, nachdem sie Heinrich einen Sohn geboren hatte. 1540 folgte Anna von Kleve als die vierte Frau von Heinrich, welche allerdings im selben Jahr wieder annulliert wurde. Anna war Heinrich zu ungebildet und weit weniger hübsch als ihre Vorgängerinnen. Es folgte die Ehe mit Catherine Howard. Heinrich war zu dieser Zeit aufgrund seines exzessiven Lebensstils allerdings schon stark dicklich, außerdem war er für seinen Zorn und seine extremen Wutanfälle berüchtigt. Die deutlich jüngere Catherine flüchtete sich in eine Liebschaft mit einem Kammerdiener, weswegen sie im Jahre 1542 hingerichtet wurde. Seine letzte Frau sollte Catherine Parr werden, die er im Jahre 1543 heiratete.

Schließlich starb einer der unmoralischsten Adligen der Geschichte am 28. Januar 1547. Heinrich hatte nicht nur diverse Frauen, sondern auch seinen einstmals fanatischen Glauben verraten. Wie kein anderer steht er für den moralischen Verfall eines Menschen, denn Heinrich war vor seinem Machtantritt als einer der am meisten vielversprechenden Herrscher seit vielen Jahrhunderten in sein Amt gestartet.

1618, Europa. Die relativ neuen Unterschiede innerhalb der Christenheit und das Aggressionspotenzial der katholischen Kirche führten in diesem Jahr zu dem verheerendsten Krieg, der jemals im Namen des Glaubens geführt wurde. Ihm sollten bis zu seinem Ende im Jahre 1648 unzählige Menschen zum Opfer fallen, nicht zuletzt auch durch passive Kriegsfolgen, wie z.B. Hungersnöte. Europa brauchte rund ein Jahrhundert um sich vom Dreißigjährigen Krieg zu erholen.

Im Jahre 1559 wurde eine der schlimmsten Persönlichkeiten dieses Krieges geboren, namentlich Johann t'Serclaes von Tilly. Durch seine streng katholische Erziehung, welche er zu großen Teilen auf einer Jesuitenschule erhalten hatte, und seine militärische Erfahrung, vor allem durch seine Schlachten im Namen der Spanier, wurde Johann schon sehr früh zu einem führenden Kopf der Katholischen Liga. Seine militärischen Erfolge während des Krieges bis zu seinem Tod im Jahre 1632 sprechen für sich, sie zeigen aber auch wie weit ein Mensch für Ruhm und eine intolerante Kirche zu gehen bereit ist. Vor allem seine Eroberungen der Städte Heidelberg, Mannheim, Stadtlohn, Göttingen und Neubrandenburg sind berühmt. Gerade letztere Eroberung beschert ihm einen Platz in dieser Chronik. Neubrandenburg wurde unter schrecklichen Verlusten eingenommen. Gerade die zivile Bevölkerung hatte sehr unter dem Kampf um die Stadt gelitten und ihr Schicksal wurde zum Sinnbild der Katholischen Liga während des Krieges.

1638, Frankreich. Ludwig XIV., der vielen besser als Sonnenkönig bekannt ist, wurde geboren. Durch seine bloße Geburt war sein Schicksal schon früh klar, denn als Sohn des Königs würde er seinem Vater ins Amt folgen. Ludwig XIII. starb schließlich, als der spätere Sonnenkönig noch sehr jung war. War er erst nur ein repräsentativer König, wurde er im Jahre 1661 zum tatsächlichen Alleinherrscher von Frankreich. Ludwig versuchte seine Interpretation von Politik nicht zu verstecken. Er entließ fast den gesamten Staatsrat, ließ politische Gegner verfolgen und begann mit seinen heute noch berühmten Festen, woher auch sein Spitzname „der Sonnenkönig“ kommt.

Ludwig stellte Frankreich nicht nur politisch, gesellschaftlich und wirtschaftlich auf den Kopf. Im Jahre 1672 zog er an der Seite der Engländer gegen Holland in den Krieg, Durch politisches Geschick zwang er in der Folge Spanien und das Heilige Römische Reich in einen Krieg mit Frankreich. Durch seine militärische Übermacht gewann Ludwig schließlich gegen die Allianz, welche Holland verteidigt hatte. Spanien, das Heilige Römische Reich und Holland waren geschlagen. Es folgten viele weitere vermeintliche Erfolge, vor allem in den Bereichen Wirtschaft, Seestreitkräfte, Festungsbau und Politik/Erbfolge. Ludwig bleibt vielen aber nicht als ein erfolgreicher Herrscher in Erinnerung, sondern als einer der schlimmsten Monarchen der Geschichte. Er stellte nationale Interessen über das Wohl vieler anderer Völker, er ergötzte sich an seinem Prunk und seinem Reichtum und er hatte Europa in mindestens zwei große Kriege gestürzt.

Im Jahre 1789 bricht in Frankreich die berühmte Revolution aus, welche vielen als Geburtsstunde des modernen Europa gilt. Sie war allerdings auch die Geburtsstunde für zwei Laufbahnen, die Europa negativ verändern sollten. Maximilien de Robespierre gilt als einer der Begründer der politischen Vernunft im Frankreich des späten 18. Jahrhunderts. Er forderte in der 1789 gegründeten Nationalversammlung unter anderem die Abschaffung der Sklaverei in den französischen Kolonien, die Abschaffung der Todesstrafe und Pressefreiheit – Werte, welche für heutige Demokratien (mit einer Ausnahme) selbstverständlich sind. Trotz seiner für damalige Verhältnisse sehr radikalen Forderungen stieg er schnell in den Rängen der neuen Staatsordnung auf.

Seine Interpretationen des Allgemeinwohls, welches sich auf den Gemeinwillen, also den Willen der Mehrheit, begründe, standen für Robespierre an oberster Stelle. Es sei absolut, beherrschend und unüberwindlich. Keine Wahrheit, so Robespierre in Anlehnung an Rousseau, könne es außer diesem Gemeinwillen (über allen individuellen Interessen) geben. Die Gedanken von Freiheit und Tugendhaftigkeit, welche die französische Revolution ins Rollen gebracht hatten, schienen vergessen. Es folgte die berüchtigte Terrorherrschaft des Robespierre. Ihr fielen über 1500 Menschen durch die Todesstrafe zum Opfer, obwohl Robespierre noch Jahre zuvor gegen die Todesstrafe war. Politische Gegner, Antirevolutionäre und vermeintliche Gegner der Republik wurden gnadenlos verfolgt. Erst im Jahre 1794 endete seine Terrorherrschaft, nachdem sie 1793 ihren Anfang genommen hatte, mit dem Tod Robespierres auf der Hinrichtungsstätte, die zuvor schon den Tod so vieler seiner Gegner gesehen hatte.

Die zweite Person, welche Europa negativ verändern sollte und quasi ein Kind der Revolution war, war Napolèon Bonaparte. Napolèon wurde 1769 auf Korsika geboren. Er litt sehr stark unter seiner Herkunft, weil ihn seine Mitschüler schon sehr früh wegen seines korsischen Akzentes geärgert hatten, als er für eine militärische Ausbildung im Jahre 1778 Korsika verlassen hatte, um in Brienne auf eine Kadettenschule zu gehen. Es folgte eine bis dahin in Frankreich beispiellose militärische Karriere.

Napolèon nahm an vielen Schlachten, vor allem während der Französischen Revolution, teil, wodurch er nach und nach in den Rängen des Militärs aufstieg. Auch politisch wurde er immer gewichtiger, vor allem seit seiner Wahl zum ersten Konsul der französischen Republik. Es folgten eine Reihe von Schlachten, allen voran die Schlacht bei Hohenlinden gegen Österreich, welche vom Napolèongegner Jean-

Victor Moreau gewonnen worden war. Aufgrund seiner sehr erfolgreichen Amtszeit gelang es Bonaparte, sich im Jahr 1802 zum Konsul auf Lebenszeit wählen zu lassen. Dieser Wahl folgte im Jahr 1804 die Selbstkrönung Napolèons zum französischen Kaiser.

Damit war das Kernziel der französischen Revolution, nämlich die Abschaffung der Monarchie, weggefegt worden. Wieder folgten zahlreiche Schlachten und Feldzüge, welche unter anderem das Ziel hatten den Interessen Österreichs, Schwedens, Russlands, Großbritanniens und Neapels an einer Verkleinerung Frankreichs entgegenzuwirken. Es folgte der berühmte Krieg gegen Preußen und Russland, welcher dafür sorgte, dass Frankreich an seinem Ende fast ganz Europa kontrollierte. Schließlich war es der Russlandfeldzug von 1812, welcher Napolèons Vorherrschaft langfristig ein Ende setzen sollte. Nachdem sich der russische Zar (Alexander I.) nicht mehr an die von Frankreich verhängte Sperre halten wollte, welche Russland den wirtschaftlichen Kontakt mit Großbritannien verboten hatte, verschlechterten sich die einstmals guten persönlichen Beziehungen zwischen Alexander und Napolèon. Frankreich verlor den Krieg und wurde zurückgedrängt.

Diese Niederlage führte dazu, dass sich nun auch andere Staaten, welche von Frankreich an der kurzen Leine gehalten worden waren, gegen die Herrschaft von Bonaparte auflehnten. Es folgte ein mehrmals unterbrochener Befreiungskrieg unter Federführung von Preußen, der 1814 in einer endgültigen Niederlage Frankreichs mündete. Napolèon schien geschlagen und er wurde auf die Mittelmeerinsel Elba verbannt. Im März des Jahres 1815 begann er allerdings seine legendäre Herrschaft der hundert Tage. Er landete in Frankreich und zog die Soldaten, welche vom König ausgesandt worden waren um ihn aufzuhalten, auf seine Seite. Der Machthunger eines einzigen Mannes sorgte dafür, dass Europa erneut in einen Krieg gedrängt wurde. Preußen und England zogen gegen Napolèon in den Krieg und schlugen ihn schließlich in der Schlacht bei Waterloo. Er wurde erneut verbannt, diesmal allerdings fernab von Europa, nämlich auf die Atlantikinsel St. Helena, auf welcher er schließlich im Jahre 1821 verstarb.

Die Sklaverei ist eine der abscheulichsten Erfindungen der Menschheit, durch welche Menschen in ihrer Wertigkeit, aufgrund von z.B. äußerlichen Merkmalen, gegenüber anderen Menschen bevorzugt werden. Eines der wichtigsten Ereignisse im Kampf gegen diese moralische Perversion war der amerikanische Bürgerkrieg (1861-1865). Einen Krieg kann es in aller Regel aber nur dann geben, wenn es zwei oder mehr Parteien gibt, welche sich in ihren Meinungen unterscheiden. Folglich existierten im Amerika des 19. Jahrhunderts auch Menschen, welche sich – vor allem aufgrund von wirtschaftlichen Interessen – für eine Fortsetzung der Sklaverei aussprachen. Die Bundesstaaten, die dies taten, nennt man die konföderierten Staaten oder auch Konföderation.

Jefferson Davis wurde im Jahre 1808 im amerikanischen Bundesstaat Kentucky geboren. Er beendete seine militärische Ausbildung im Jahre 1828 und diente fortan, bis zu seiner Hochzeit im Jahre 1835, in der US-Armee. Nach einigen politischen und privaten Veränderungen, unter anderem auch in seiner nationalistischen Südstaatenmentalität, wurde Davis im Jahre 1861 als erster und einziger Präsident der Konföderation ins Amt erhoben. Es folgte der sogenannte Sezessionskrieg, welcher vielen besser als amerikanischer Bürgerkrieg bekannt sein dürfte. Davis steht wie kein anderer Mensch dieser Zeit für die Erhebung der eigenen Interessen über das Wohl vieler anderen Menschen. Glücklicherweise verloren die Südstaaten den Krieg und die Sklaverei wurde in den USA weitgehend abgeschafft.

1859, Berlin. In der Dynastie der Hohenzollern wird der letzte Kaiser des Deutschen Reiches geboren. Die Minderwertigkeitsgefühle von Wilhelm II. gegenüber anderen europäischen Großmächten, sein krankhafter Glaube an die göttliche Besonderheit der eigenen Person und die generell schwierigen Verhältnisse, vor allem aufgrund des Imperialismus', waren die Hauptursachen für den Konflikt, welchen wir heute als den ersten Weltkrieg kennen. Ausgelöst wurde der Krieg zwar durch die Ermordung des österreichungarischen Thronfolgers in Sarajewo, aber die Ursachen liegen wie geschrieben woanders.

Das Deutsche Reich war sehr spät in das Zeitalter des Imperialismus' gestartet, wodurch die Deutschen sehr schnell ins Hintertreffen im Kampf um möglichst gute Kolonien geraten waren. Zwar konnte sich das Deutsche Reich weltweit einige eher unbedeutende Kolonien sichern, aber wirtschaftlich betrachtet hatten viele andere europäische Staaten einen großen Vorsprung herausgearbeitet. Wilhelm glaubte daran, dass er von Gott auserwählt worden war, um das deutsche Volk in ein neues, gutes Zeitalter zu führen. Außerdem wollte er die wirtschaftlichen Interessen seines Landes, als auch seine persönlichen Ziele notfalls mit Krieg durchsetzen. Es fehlte ihm lediglich an einem Auslöser für ein offensiv kriegerisches Handeln.

Dieser Auslöser sollte ihm Ende Juli des Jahres 1914 mit dem Attentat von Sarajewo geliefert werden, welchem Franz Ferdinand und seine Gemahlin Sophie Chotek zum Opfer fielen. In der Folge dieses Attentats kam es zu politischen Schwierigkeiten zwischen Österreich-Ungarn und Serbien, welche vor allem dadurch entstanden waren, dass Serbien sich weigerte Österreich-Ungarn an der Untersuchung der Ermordung teilhaben zu lassen. Das Pulverfass Europa sollte hochgehen. Aufgrund der komplizierten und teilweise dubiosen Pakte zwischen den europäischen Mächten, kam es zu zwei großen Bündnissen: den Mittelmächten, zu welchen unter anderem das Deutsche Reich gehörte, und den Entente-Mächten, zu welchen unter anderem Frankreich und Großbritannien gehörten. Wurde der Kriegsausbruch anfangs noch gefeiert, stellte sich schnell heraus, dass der Krieg, unter anderem durch den Einsatz von Giftgas, hunderttausende Opfer fordern sollte. Die Mittelmächte verloren den Krieg schließlich und das Deutsche Reich wurde stark beschnitten – ein Grund für die darauf folgende Katastrophe.

1933, Berlin. Ein Österreicher namens Adolf Hitler sicherte sich in diesem Jahr die absolute Macht über das durch die Weltwirtschaftskrise (1929) stark gebeutelte Deutsche Reich. An dieser Stelle ist eine genaue Betrachtung der Gräueltaten der Nationalsozialisten nicht erforderlich, weil dieses Thema in den Medien auch heute noch fast täglich von vorne bis hinten durchgekaut wird. Nur soviel: Der Zeitraum von 1933-1945 brachte eine ganze Reihe von

Menschen hervor, die bereit waren für ihre niederen politischen, wirtschaftlichen, persönlichen und militärischen Ziele fast alles zutun. Hierzu gehören neben Adolf Hitler z.B. Julius Streicher (Herausgeber der Zeitung *Der Stürmer*), Heinrich Himmler (Reichsführer-SS), Hermann Göring (Oberbefehlshaber der Luftwaffe), Josef Mengele (KZ-Arzt), Joseph Goebbels (Propagandaminister) und Oswald Pohl (SS-Obergruppenführer).

Auf Beispiele für jüngere Verbrecher möchte ich nur stichpunktartig eingehen, weil diese ausreichend in der Schule, den Medien, etc. behandelt werden:
1. Josef Stalin (1878-1953), sowjetischer Diktator, verantwortlich für Kriegsverbrechen im besetzten Deutschen Reich, die Unterdrückung von Christen und den Tod von über 20 Millionen Menschen.
2. Mao Tse-tung (1893-1976), chinesischer Diktator, verantwortlich für die proletarische Kulturrevolution, einer der größten Hungersnöte der Menschheitsgeschichte und den Tod von über 50 Millionen Menschen.
3. Idi Amin (1928-2003), ugandischer Diktator, verantwortlich für den Tod von über 250.000 Menschen. Idi Amin ist in dieser Liste lediglich ein Beispiel für viele Warlords des afrikanischen Kontinents, welche teilweise auch noch heute mit menschenverachtenden Methoden regieren.
4. Pol Pot (1928-1998), kambodschanischer Diktator, verantwortlich für den Tod von über 1,7 Millionen Menschen.
5. Osama Bin Laden (*1957), islamistischer Terrorist, verantwortlich dafür, dass viele Menschen den Islam für etwas verantwortlich machen, für das der Islam nicht verantwortlich ist. So schadet Bin Laden mehr den Muslimen, als seinem erklärten Feindbild – der westlichen Welt.

Aus aktuellem Anlass möchte ich einen vielverbreiteten Irrtum klarstellen. Leider verwechseln viele Menschen in westlichen Nationen Muslime mit Islamisten. Muslime leben nach den Regeln des Korans, welcher – richtig interpretiert – keinen Raum für Gewalt lässt. Islamisten hingegen benutzen den Islam für die Durchsetzung von unmoralischen Zielen, die in direktem Konflikt mit den Lehren des Korans stehen. Die Ursachen für diese Ziele liegen allerdings nicht in der heutigen Zeit, sondern vielmehr in der Vergangenheit, als das Abendland dem Morgenland Wissen, Philosophie, Technologien und vieles mehr gestohlen hat, nur um das Morgenland zurückzuwerfen (warum wundern wir uns also über die von uns verursachte Rückständigkeit vieler Gebiete des Morgenlandes?) und es daraufhin zu unterdrücken. Dieses Verbrechen wird heute von Islamisten als Entschuldigung für ihre ebenfalls verbrecherischen Taten benutzt, welche von der überwältigenden Mehrheit der Muslime ebenso verurteilt werden, wie von der westlichen Welt. Ebenso verhält es sich im Mikrokosmos Deutschland, in welchem häufig alle Muslime wie ein kollektives Individuum behandelt werden. Nur, weil einige Menschen, welche aus muslimischen Staaten stammen, sehr mittelalterliche und philosophisch längst veraltete Ansichten vertreten, gilt das noch lange nicht für die Mehrheit der in Deutschland lebenden Muslime. Historisch sind sowohl Juden, als auch Christen und Muslime Brüder und Schwestern. Wir sollten nur noch lernen uns auch so zu verhalten. Außerdem sollte der Westen seine historische Schuld am Morgenland begleichen.

Dieses Kapitel sollte in seiner Länge, es ließe sich allerdings über zahllose Seiten mit vielen tausend weiteren Beispielen verlängern, deutlich machen, wie viel Böses und Falsches es auf der Welt gegeben hat und immer noch gibt. Auch in unserer heutigen Zeit können Diktatoren, Warlords und andere unmoralisch handelnde Menschen scheinbar machen, was sie wollen. Die UN „verurteilt" lediglich in regelmäßigen Abständen bestimmte Dinge und verhängt Sanktionen, die einen Diktator nur wenig interessieren dürften. Die „Weltpolizei" USA jagt lieber einem Gespenst hinterher und generalverurteilt die islamische Welt, anstatt sich in einem konstruktiven Sinne um einstmals (und teilweise immer noch) ausgebeutete Staaten zu kümmern. Israel wirft Phosphorbomben auf Krankenhäuser in Gaza, bekommt Atomwaffen von den USA und verlangt, aufgrund der Judenverfolgungen, trotzdem Demut von anderen Staaten. Wie paradox das ist, scheint Israel nicht zu erkennen. Menschen sprengen sich selbst in die Luft, weil ihnen falsche Prediger Lügen erzählen. Die Gier einiger weniger Menschen hat die Weltwirtschaft erneut ins Wanken gebracht. In Afrika und Asien werden ganze Völker unterdrückt und ermordet. Südamerika verfällt immer mehr im linken Terror.

Die Welt brennt – und keiner scheint etwas dagegen unternehmen zu wollen. Unter anderem dieser Umstand ist es, der mich zu folgenden Erkenntnissen gebracht hat:

Schöber'sches Theorem des Bösen:

1. Das wahrhaftig Böse ist dem Guten auf Dauer zwar unterlegen, doch handelt es extremer und strebt seinem Willen gemäß gen Sieg. Das Gute jedoch ist zwar in der Welt vorhanden, doch weicht es dem Bösen lieber aus, als ihm entschlossen entgegenzutreten. Ob es nun in der Natur des Gu-

ten liegt keinen Widerstand zu leisten oder nicht, manchmal ist Widerstand besser als Tatsachen als gottgegeben hinzunehmen. Das Böse kann also nur obsiegen, wenn das Gute nicht dazu in der Lage ist, die eigenen Prinzipien durch einen Bruch der eigenen Prinzipien durchzusetzen. Letzteres ist aber mit Sicherheit das kleinste aller Übel, ein Übel muss aber – schon aufgrund der natürlichen Boshaftigkeit der Menschen – gewählt werden.
2. Das Böse ist im Menschen grundsätzlich stärker, als das Gute. Demzufolge sollte das oberste Ziel eines Menschen sein, das Böse in seinem Inneren zu besiegen und der Welt vom Guten zu erzählen.

Schöber'sches Theorem des hauptreligiösen Paradoxons:
Die moderne Vernunft, vor allem in der westlichen Welt, steht in einem direkten Konflikt mit der historischen Schuld des Abendlandes. Man kann nicht A predigen, B machen und C gemacht haben. Das lässt sich auch auf andere Religionen inklusive ihrer internen und externen Konflikte übertragen.

Utopie oder Paradies?

Der Weltstaat

„Es ist ein Junge“, überschrie die Hebamme den Lärm der Mutter.
„Gesund und munter, ganz wie die Eltern.“
„Ist auch wirklich alles dran?“, fragte die besorgte Mutter.
„Ja, zwei Arme, zwei Beine und ein Kopf. Alles so, wie es sein muss.“
Die Hebamme holte das Neugeborene, um es der Mutter auf die Brust zu legen.
„Schau nur Friedrich, dein Sohn.“
Der Vater stand mit tränenunterlaufenden Augen erhaben über der Szenerie. Seine blau-weiße Uniform saß wie angegossen und war mit zahlreichen Orden und Auszeichnungen geschmückt. Das Haar war streng zurückgekämmt worden und der rotfarbende Bart war ordentlich und gestriegelt.
„Friedrich soll er heißen, ganz so wie sein Vater“, sagte die Mutter mit einem leicht fragenden Unterton. „Ist dir das recht?“
Friedrich senior nickte kaum merklich, immer noch ergriffen von dem gerade Geschehenen. Er war als Erstgeborener des amtierenden Kaisers schon sehr früh als dessen Nachfolger erzogen worden. Einer elitären Privatschule folgte eine militärische Ausbildung bei den kaiserlichen Grenadieren. Nicht nur aufgrund seiner Herkunft, sondern vor allem

wegen seines unfassbaren Intellekts und seinem stets aufmerksamen Gemüt war er schon sehr früh in den Rängen des Heeres aufgestiegen. Nicht zuletzt das angespannte Verhältnis seines Reiches, genannt Großromun, zu dessen Nachbarn hatte dafür Sorge getragen, dass in regelmäßigen Abständen neue Plätze in den Reihen der Offiziere frei wurden.
„Klopf ihm mal auf den Rücken, damit er richtig wach wird!“, befahl die Mutter.
Zögerlich hob Friedrich die Hand und klopfte dem Jungen vorsichtig auf den Rücken.
„Gut so?“, fragte er.
„Ja, genau richtig. Der geborene Vater!“
Marie, die Mutter des Kindes, war Friedrichs zweite Frau. Lisa, seine erste Frau, war auf dem Kindsbett gestorben, nachdem sie Christin geboren hatte. Christin war mittlerweile schon acht Jahre alt, aber sie würde ihrem Vater nach seinem Tod nicht auf den Thron folgen. Frauen hatten laut romunischem Glauben nichts in der Politik verloren.

Friedrich junior erhielt die gleiche Ausbildung wie sein Vater, allerdings leistete er seinen Militärdienst nicht beim Heer, sondern bei der Marine ab. Er war schon immer ein ungewöhnliches Kind gewesen. Schon früh hatte er es abgelehnt, seine Krone zu tragen. Er hatte seine Prinzengewänder, seinen kleinen Thron zur Rechten seines Vaters und seine Insignien abgelehnt. Nun, da er mittlerweile sechzehn Jahre alt war und sein Vater aufgrund einer Kriegsverletzung im Sterben lag, machte er seinem Vater deutlich, dass er ihm nicht ins Amt folgen werden würde.
„Es ist meine Entscheidung, Vater.“
„Wenn du die Augen zumachst, dann siehst du, was dein ist.

Du wirst tun, was ich dir als Kaiser, nicht als Vater, befehle. Gehorsam ist eine Tugend, eine Verpflichtung – und kein Recht."
Friedrich junior schaute seinen Vater an, entschlossen und zugleich wehmütig.
„Du befiehlst mir als Kaiser und nicht als Vater? Dann werde ich als Prinz und nicht als Sohn meine Verweigerung aussprechen. Ich kann nicht tun, was mein Herz mir verbietet."
Mit diesen Worten verließ Friedrich junior das Sterbebett seines Vaters. Sie hatten zuvor Stunden gestritten und waren sich die ganze Zeit über nie näher gekommen. Überhaupt lebten sie schon seit der Geburt von Friedrich junior aneinander vorbei.
Schließlich starb der Kaiser, von seinem Sohn verlassen und ohne andere männliche Nachkommen. Es war das erste und das letzte Mal in der romunischen Geschichte, dass ein Kaiser ohne männlichen Nachkommen bleiben sollte, welcher seinem Vater auf den Thron folgen wollte. Überhaupt sollte dies das Ende des romunischen Kaiserreiches einleuten.

Friedrich nutzte seine Herkunft und sein natürliches Recht, ohne als Kaiser zu agieren. Er rief zwei Jahre nach dem Tod seines Vaters die romunische Republik aus und schaffte den Adel als Teil der romunischen Kultur und Politik ab. Mit einem Stab aus den schlausten Köpfen des Landes und unter Einbeziehung der bisherigen Erfahrungen der Welt mit Politik, Krieg und Diplomatie, führte er erstmals in der romunischen Geschichte eine fundamentale Verfassung ein. Dieses Dokument garantierte einem jeden Romunisten gewisse Grundrechte, wie zum Beispiel Freiheit und Gleichheit. Außerdem beschlossen die neu eingeführten Minister unter

Friedrichs Aufsicht, dass es an der Zeit für eine romunische Demokratie sei. Knapp ein Jahr später erfolgten erstmals Wahlen in Großromun, an welchen alle Menschen im Alter von über sechzehn Jahren teilnehmen durften. Wie zu erwarten war, wurde Friedrich zum neuen Staatsoberhaupt gewählt.

„Majestät, wie sollen wir mit den neuen Steuerbeschlüssen verfahren?"
Minister Ebers war sichtlich angespannt. Es war sein erstes Gespräch mit Friedrich, seitdem dieser keine kaiserliche Hoheit mehr war.
„Das Majestät könnt ihr euch in Zukunft sparen, Herr Minister."
„Wie Sie wünschen, Herr Präsident?"
„Präsident ist in Ordnung, ja."
„Gut. Wie verfahren wir nun also?
„Die Steuerbeschlüsse wurden vom Parlament abgesegnet und sind somit bindend. Es bleibt uns also keine andere Möglichkeit, als sie einzuführen." Friedrich sah seinem Minister, der früher einmal die rechte Hand seines Vaters auf dem Kaiserthron gewesen war, in die Augen. Er suchte nach einem Zweifel an dem neuen Weg, nach einer kleinen Unzulänglichkeit in der Loyalität.
„Wie Sie wünschen, Herr –„
„Nein, nicht wie *ich* wünsche, sondern wie es die Demokratie wünscht.", unterbrach ihn Friedrich.

Ihrer Natur gemäß waren die Romunisten schon immer in ihr Militär vernarrt gewesen. Fast monatlich stimmte das Parlament über Aufstockungen des Militärbudgets ab und so wuchs das romunische Militär beständig. Die Geburtenquoten des Landes waren hervorragend, vor allem in den unteren Bevölkerungsschichten, so dass kein Mangel an einfachen Soldaten bestand. Lediglich die Offiziersschulen beklagten sich über mangelnden Nachwuchs und schlecht qualifizierte Aspiranten.

„Was gedenkt das Parlament zu unternehmen, Herr Präsident?" General Grundfeld war einer der besten Offiziere von Großromun. Geschmiedet in den Schlachten zur Wiedereingliederung der abtrünnigen Provinzen Olakistan und Kleinahnheim, war er das härteste und brillanteste, was die Militärschulen des Landes an Ausbildern zu bieten hatten.

„Wir denken über Maßnahmen nach, die sowohl dem demographischen Wandel, als auch der Dequalifizierung unserer Bürger gerecht werden."

Friedrich machte sich große Sorgen um sein Volk. Die Geburtenraten in den sozial schwachen Bevölkerungssegmenten explodierten förmlich, wohingegen der Mittelstand und die Akademiker kaum noch Kinder zeugten. Über kurz oder lang würde der von ihm eingeführte Sozialstaat, einschließlich der sozialen Marktwirtschaft, scheitern. Aufgrund des medizinischen Fortschritts wurde der Durchschnittsromunist über achtzig Standardjahre alt. Immer weniger befähigte Arbeiter mussten sich also um immer mehr Bedürftige kümmern. Einmal die Alten und einmal die Menschen, die nicht fähig zu einer vernünftigen Arbeit waren. Statistiken der wirtschaftlichen Handelsakademie besagten, dass über achtzig Prozent der Menschen, die in eine sozial schwache Familie geboren worden waren, nie aus ihrer Nische würden ausbrechen können. Einer seiner Minister hatte einmal gesagt „Dumm erzieht dumm."

„Wenn wir nicht bald wieder mehr Offiziersanwärter haben, dann können wir die wachsende Armee nicht vernünftig

führen.“
„Wir sind uns über die Problematik im Klaren. Familienminister Schaab denkt bereits über die Einführung von Geburtenquoten und einer reglementierten Geburtenkontrolle nach. Die Minister für Wirtschaft, Finanzen und Soziales besprechen bereits Kürzungen der Sozialmaßnahmen, wodurch Geld frei wird, um die Konjunktur an anderer Stelle anzuregen.“

„Straftaten treten zu einem großen Teil bei Leuten auf, die nicht arbeiten oder im Niedrigqualifikationssektor tätig sind. Sie müssen mir mehr Freiheiten bei der Durchsetzung meiner Pläne gewähren.“ Justizminister Everlink schaute starrsinnig drein, ganz so wie es seinem stoischen Charakter entsprach.
„Ich muss überhaupt nichts, außer dem Wohle meines Volkes zu dienen, Herr Minister.“ Friedrich wusste um die ernste Lage der Sicherheit in den sogenannten Ghettos. Immer wieder zog es die Banden der Ghetto-Viertel in benachbarte, bürgerliche Gegenden, wo sie ihr kriminelles Unheil trieben. „Außerdem wissen Sie, Herr Minister, dass man nicht gleich zum Straftäter wird, nur weil man arm ist.“
„Das ist richtig, Herr Präsident. Trotzdem ist die Bereitschaft zu Straftaten signifikant höher, als bei anderen Bevölkerungsschichten. Das ist nicht meine Meinung, sondern Statistik.“ Everlink hatte mit dieser Aussage, so wenig human sie auch sein mochte, nicht gerade Unrecht. Tatsächlich kamen über neunzig Prozent aller Straftäter aus diesem Segment. Einerseits lag das an der geringen Bildung, welche häufig mit verkorksten Moralvorstellungen einherging. Andererseits liegt es in der Natur des Menschen mehr zu wollen. Tatsächlich lebten auch die ärmsten Romunisten auf

einem Niveau, welches in anderen Staaten dem Mittelstand entsprach. Das Wort Ghetto war relativ anzuwenden, denn tatsächlich gab es in Großromun keine klassischen Ghettos. Die Aufstände waren erst entstanden, als das Parlament Sozialabgaben hatte kürzen lassen. Trotz der Kürzungen lebten die sozial schwachen Romunisten aber immer noch über dem globalen Standard. Des Weiteren hatte sich die Arbeitsmarktsituation in einigen Bereichen verbessert, weil mehr Menschen in atypische Arbeitsverhältnisse wollten, in welchen sie mehr verdienten, als durch Vater Staat. Selbst der dümmste Mensch, der sich nicht selbst verwirklichen möchte, wird fragen, warum er arbeiten soll, wenn der Staat ihn doch hervorragend versorgt, ohne eine wirkliche Gegenleistung zu verlangen.
„Was denken Sie, Herr Minister?“
„Ich denke, dass wir härtere Strafen reglementieren und anwenden sollten.“
„Meinen Sie, dass härtere Strafen automatisch für eine Absenkung der Straftatenquote sorgen?“
„Ja, Herr Präsident.“
Friedrich stutze. Solch kurze Antworten war er von seinem Justizminister nicht gewohnt.
„Ihre Statistiken sagen diesbezüglich aber etwas anderes.“
Everlink funkelte Friedrich unverhohlen an.
„Die Statistiken anderer Staaten, ja. Großromun hat diesbezüglich bisher keine Erhebungen in Auftrag gegeben.“
„Dann tun Sie das, Herr Minister.“
„Wie Sie meinen, Herr Präsident.“

„Ghenland hat sich weitere Handelsverträge mit den Öl fördernden Nationen gesichert. Wenn das so weiter geht, dann bleibt kaum noch etwas vom Kuchen übrig, das wir uns schnappen könnten.“ Karl Öperling war einer der führenden Wirtschaftsköpfe in Großromun, speziell, wenn es um globale Wirtschaft ging. Friedrich schätzte seinen Rat, nicht zuletzt deswegen, weil Öperling einer der wenigen aus der alten Garde war, dem er trauen konnte. Die meisten älteren Semester misstrauten Friedrich, weil er die kaiserliche Monarchie abgeschafft hatte.

„Bekommen wir nicht bereits mehr Öl, als wir brauchen?“

„Sicher, ja. Allerdings müssen wir eine große Rücklage aufbauen, um abgesichert zu sein, wenn das Öl versiegt.“

„Wäre es nicht sinnvoller, wenn man stattdessen nach alternativen Energie- und Rohstoffquellen suchen würde? Das würde uns unabhängig machen und eine Menge Geld sparen.“

„Unabhängig nur dann, wenn wir diese Dinge bei uns im Land erwirtschaften können.“

„Sonne gibt es überall. Meere mit Gezeiten haben wir auch. Künstliche Äcker können wir unterirdisch anbauen, so dass wir die Nahrungsversorgung unserer Bevölkerung nicht gefährden. Flüsse gibt es in Großromun jede Menge. Biogas lässt sich problemlos gewinnen. Unsere Kernkraftwerke können wir sicherer machen und den Atommüll in unsere Sonne schießen. Wasserstofffahrzeuge sind schon jetzt auf dem Vormarsch.“

„Ja, Herr Präsident.“

„Ich werde das Geld, das wir zur Erschließung neuer Ölquellen benötigen würden, lieber in besagte Dinge investieren. Außerdem spart man sich so den ein oder anderen Krieg. Kümmern Sie sich lieber darum, inwieweit wir unsere Trinkwasserversorgung dauerhaft sichern können. Trink- und vor allem Süßwasser werden in Zukunft wertvoller sein, als Öl. Eine Modernisierung unserer Auffangbecken und

Meerwasserentsalzungsanlagen wäre eine Lösung."
„Was ist mit Erdgas, Herr Präsident?"
„Das ist das Gleiche wie Erdöl, bloß, dass es noch ein wenig länger hält."
„Ich verstehe, Herr Präsident. Ich werde mich darum kümmern."
„Mal abwarten, was das Parlament dazu sagen wird.", sagte Friedrich, während er Öperling aus seinem Büro begleitete.

„Aufgrund der demografischen Entwicklung ist die Finanzierung des Gesundheitsmarktes nicht mehr gewährleistet. Die ehemals kaiserlichen, nun gesetzlichen Krankenversicherungen beschweren sich über einen starken Rückgang an Mitgliedsbeiträgen".
„Ich habe diesbezüglich auch schon mit anderen Ministern gesprochen. Der demografischen Entwicklung wollen wir unter anderem entgegenwirken, indem wir das Kinderkriegen für Akademiker attraktiver machen und die Geburtenquoten in sozial schwachen Familien regulieren. Außerdem wollen wir die Geburtenzahlen im Mittelstand verdoppeln, indem wir z.B. das staatliche Angebot an Kindergärten, Kindertagesstätten und sonstigen Betreuungseinrichtungen verstärken." Friedrich wusste, dass Gesundheitsminister von Ekersberg nur schwer zu beschwichtigen sein würde. Er galt schon seit Jahren als ein heißblütiger Gesundheitspolitiker.
„Herr Präsident, darf ich offen sprechen?"
„Ja, natürlich."
„Ich würde eine totale Liberalisierung der Gesundheitsmärkte sinnvoll finden. Natürlich müsste man eine gewisse Grundsicherung für alle Menschen gewährleisten, ansonsten sollte sich aber der Gesundheitsmarkt durch allgemein bekannte Marktmechanismen selbst regulieren."

Friedrich schaute skeptisch drein. „Meinen Sie, dass das sozial verträglich ist?"
„Über eine lückenlose Sozialverträglichkeit müssen wir glaube ich nicht sprechen, Herr Präsident. Langfristig bleibt uns keine Wahl. Durch die Grundversorgung ist aber eine humane Liberalisierung gewährleistet."
„Wer mehr zahlt bekommt also auch mehr? Angebot und Nachfrage bestimmen den Preis?"
„So müsste es richtig heißen: wer mehr leistet hat auch mehr Kunden. Selbstverständlich würden aber Preisobergrenzen festgelegt werden. Es würde eher ein Leistungswettbewerb, als ein Preiskampf stattfinden."
„Und das wäre besser?"
„Ja, es würde niedrige Preise garantieren." Von Ekersberg schaute Friedrich entschlossen in die Augen. Er schien zu wissen, wovon er sprach.

Arbeitsminister Georg Henry war ursprünglich kein Romunist, sondern er stammte aus den südlichen Steppen von Polkistan. Dennoch gehörte er schon seit Jahren zum Stab von Friedrich, der mittlerweile seit einundzwanzig Jahren als Präsident über Großromun regierte. Vielmehr regierte natürlich das Parlament, als Friedrich, aber schließlich war dies sein Verdienst. Henry galt als eine Mischung aus konservativem und liberalem Politiker.
„Der Markt bricht ein. Wir benötigen mehr hochqualifizierte Nachwuchskräfte, die wir aber nicht bekommen, weil –„
„Der Demographische Wandel uns einen Strich durch die Rechnung macht, ich weiß. Was schlagen Sie außer den bisherigen Maßnahmen, die Ihnen ja bekannt sein dürften, vor?"
„Ich trete für einen Ausbau von atypischen Beschäftigungs-

verhältnissen ein, um in bestimmen Sektoren, z.B. dem Baugewerbe, einen Schritt näher an das Optimum zu kommen. Konkret schlage ich z.B. den Ausbau von Leiharbeitsfirmen vor, allerdings müssen diese stärker reglementiert werden. Auch die Einführung von Ausbildungsberufen im Niedrigqualifikationssektor könnte kurzfristig helfen, um diese Menschen in einen echten Beruf zu bekommen. Langfristig wäre, wie Sie ja schon angemerkt haben, eine Lösung zu wünschen, die diesen Sektor verkleinert, um den Arbeitsmarkt und den Sozialstaat zu schonen."
„Richtig. Wie Sie sicherlich wissen, gehe ich in den meisten von Ihnen genannten Punkten mit Ihrer Meinung konform."
„Herr Präsident, das freut mich zu hören."
„Konkretisieren Sie Ihre Vorstellungen mit Zahlen, die zu unserem Land passen."
„Wie Sie wünschen, Herr Präsident."
Nachdem Henry den Raum verlassen hatte, ließ Friedrich seinen Blick durch den Raum schweifen. War es wirklich gut und sozial, was sie da vorhatten? Waren unsoziale Maßnahmen nicht schon dadurch sozial, weil sie eine unfair benachteiligte Gruppe schützten? Es musste an die Arbeiter und Rentner gedacht werden, weniger an die Nichtleister der Gesellschaft. Die von ihm entwickelte Rentenversicherung, die eine Privatisierung mit Staatszuschüssen vorsah, würde ihren Teil dazu beitragen.

Vorschlag zur Verbesserung der Bildungssituation in Großromun stand auf dem Bericht, den Friedrich soeben verfasst hatte. Er sah vor, dass vermehrt ganztägige Gesamtschulen einzuführen seien. Dies hätte den Vorteil, dass berufstätige Mütter zumindest in Teilzeit weiterarbeiten würden können. Außerdem würden Gesamtschulen dafür sorgen, dass die bisherige, sinnfreie Früheinteilung der Schüler in Güteklassen wegfallen würde. Erst nach der siebten Klasse würde gezielt selektiert werden – immer mit Auf- und Abstiegschancen. Des Weiteren plädierte Friedrich für eine Einführung von Eliteuniversitäten, die vermehrt in den Sektoren Forschung und Wissenschaft tätig sein sollten. Staatliche und halbprivate Hochschulen würden kostengünstig sein und jedem Menschen mit entsprechendem Schulabschluss einen Studienplatz anbieten. Außerdem würde hier Grundlagenforschung betrieben. Professuren würden mit deutlich mehr Bedacht ausgewählt werden, ebenso wie Lehrer. Entsprechende Studiengänge würden stark beschränkt werden. Lehrer und Lehrmittel würden stärker in Hinblick auf ihre Qualität und Leistungsfähigkeit selektiert werden. Langfristig würden diese Maßnahmen, gepaart mit den Maßnahmen in Bezug auf den demografischen Wandel, für eine bessere, großflächige Bildung und eine Entspannung auf dem Gesundheits-, Arbeits- und Rentenmarkt sorgen.

„Links- und rechtsextreme Gruppierungen haben nichts in einer Demokratie zu suchen. Seien Sie dessen versichert, Herr Präsident. Der Staatsschutz sieht dies geschlossen so."
„Bedeutet (selektive) Demokratie nicht in letzter Konsequenz, dass wenn die (selektive) Mehrheit möchte, dass die Demokratie abgeschafft wird, dass dann undemokratische Verhältnisse einer Einführung bedürfen?"
„Muss die Mehrheit nicht gelenkt werden?"
„Ja, durch eine Selektion der Mehrheit, nicht aber durch eine Einschränkung der Meinungsfreiheit." Friedrich wusste wovon er sprach. Eine stabile Demokratie mit einem großen Bildungsbürgertum würde niemals nach rechts oder links abdriften. Friedrich wollte aber eigentlich über ein anderes

Thema sprechen.
„Wir müssen vielmehr für eine Ausweitung der Demokratie sorgen. Ich möchte, dass die bisherige Hürde für den parteilichen Einstieg in ein Parlament auf drei Prozent gesenkt wird. So gibt es zwar nicht zu viele Meinungen, aber auch nicht zu wenig. Des Weiteren möchte ich, dass Parteien, denen objektiv ein ernsthaftes Interesse an einem Einstieg in die höhere Politik nachgewiesen werden kann, von Staatsseite Geld für Wahlkämpfe und andere Dinge zukommt. Diese Mittel sollen für alle Parteien gleich hoch sein, unabhängig vom Wählerpotential, Gründungsdaten, Mitgliederzahlen und anderen Sachverhalten. Außerdem möchte ich, dass Sie eine Obergrenze für Geldmittel errechnen, welche eine Partei pro Wahlkampf ausgeben darf. Es soll schließlich der sachlich Beste und nicht der Reichste gewinnen. Ferner ist ein Strafregister für Parteien zu erstellen, welches anzuwenden ist, wenn Parteien objektiv uneinlösbare Wahlversprechen machen und/oder Wahlversprechen brechen."
„Ich werde das dem Rat vorschlagen, Herr Präsident."
„Tun Sie das. Ich möchte so schnell wie möglich im Parlament darüber sprechen."
„Wie Sie wünschen, Herr Präsident."

„Ich denke, dass trotz einer sozialen Marktwirtschaft, an deren erster Stelle Freiheit stehen sollte, gewisse Reglementierungen notwendig sind, die den Markt regeln. Zuviel Liberalismus in den Märkten sorgt dafür, dass schnell Blasen entstehen, die langfristig zu platzen drohen. Was denken Sie, Herr Professor?"
Professor Winfried Winterberg war als einer der Wirtschaftsweisen zu Friedrich zitiert worden.
„Das denke ich auch, Friedrich."

Winfried hatte schon unter Friedrichs Vater gedient. Sein Alter war kaum noch schätzbar. Er hatte sich aber nie abgewöhnt Friedrich bei seinem Vornamen zu nennen. Schließlich kannte er ihn schon, seitdem er ein kleines Baby gewesen war. Friedrich störte das nicht weiter. Das formelle „Sie“ reichte zur Wahrung einer gewissen Distanz, die für Objektivität sorgen sollte.
„Gerade wir Romunisten haben eine historische Verpflichtung zu einer Stabilisierung der Märkte. Schließlich haben die von uns begonnen Kriege schon das eine oder andere Mal für Instabilität gesorgt.“
„Wissen Sie Friedrich, die meisten dieser Kriege habe ich persönlich miterlebt – und ich kann Ihnen eines sagen. Trotz all der Schwierigkeiten, all der Pein, all der Schuld und all dem Misstrauen, das uns von unseren Nachbarn entgegen schlägt, erfüllt mich nichts mit mehr Wonne, als sagen zu können, dass ich Romunist bin.“
„Heimat kann Sie mit Wonne erfüllen, aber keine Staatszugehörigkeit. So ein Gefühl sorgt in einem unvorbereiteten Geist für ein Gefühl der Überlegenheit. Überlegenheit führt zu dem Willen, diese Überlegenheit auch durch tatsächliche Verhältnisse zu schaffen. Ich weiß, dass Ihr Geist nicht unvorbereitet ist, aber ein Floh im falschen Ohr könnte eine ganze Lawine lostreten. Seien Sie also bitte vorsichtig mit solchen Aussagen.“
„Sicher, Friedrich, sicher. Das weiß ich. Wir sind hier aber doch unter Freunden.“
„Ja, das sind wir.“
„Also zurück zum Thema Wirtschaft. Was halten Sie von der Schaffung einer Institution, welche ein Mix aus Gericht, Observation und Kontrolle der Märkte wäre?“
„Das klingt gut, Herr Professor. Natürlich muss gewährleis-

tet werden, dass auch Kontrolleure der Kontrolleure bereitstehen, welche sich wechselseitig und unabhängig voneinander kontrollieren. Erarbeiten Sie diesbezüglich konkrete Vorschläge, die aber aus unseren Gesprächen relativ leicht ableitbar sein sollten."
„Wie Sie wünschen, Friedrich."

„Sie wollen was?", fragte Friedrich.
„Ich möchte, dass Sie das verbieten lassen."
„Zuerst einmal kann *ich* nichts verbieten lassen und zweitens sehe ich keinen Grund für ein Verbot. Verbote sind nur selten eine Lösung."
„Der Film ist in einem höchsten Maße brutal. Er hat in unserer Gesellschaft nichts zu suchen.", sagte Familienministerin Greve.
„Er hat vielleicht in *ihrem* Wertesystem nichts zu suchen, aber das ist ja nicht die Referenz für alle Menschen. Wenn die Demokratie die Freiheit mit Füßen tritt, dann wird das Volk die Demokratie treten. Außerdem haben wir bereits Jugendschranken eingeführt. Ein Erwachsener kann schauen, was er oder sie möchte."
„Die Schranken reichen nicht."
„Warum nicht?", wollte Friedrich wissen.
„Weil Jugendliche auch so an die Filme, Spiele und andere Dinge kommen, die nicht für sie geeignet sind."
„Dann sollten wir etwas an der Praxis in der Durchsetzbarkeit von Gesetzen ändern – nicht an den Gesetzen an sich."
„Finden Sie, dass es richtig ist, dass in besagtem Film gezeigt wird, wie jemand geköpft und anschließend durch die Straßen der Stadt geschleift wird?"
„In einer Demokratie? Ja. Jeder sollte schauen und spielen dürfen, was er möchte, solange er nicht die Freiheit von an-

deren einschränkt. Ich würde mir den Film nicht anschauen, aber auch ich bin keine Referenz."

„Diese Art von Filmen beeinflusst aber Menschen, die entsprechend handeln könnten. Denken Sie an den Amoklauf von vor zwei Wochen."

„Ich kann doch keine unschuldige Mehrheit verdammen, nur weil ein paar wenige Menschen, die auch ohne solche Einflüsse psychisch instabil wären, Amok laufen. Ich halte nichts von Hexenjagden. Wir sollten lieber die gesellschaftlichen Probleme in die Hand nehmen, die für die Entstehung solcher Charaktere sorgen. Damit ist das Thema für mich beendet. Sollten Sie eine Abstimmung wünschen, dann schlagen Sie Ihre Ideen dem Parlament vor."

„Ganz wie Sie meinen, Herr Präsident." Brunhilde Greve funkelte Friedrich beim Rausgehen an.

„Religionsfreiheit ist grundsätzlich schlecht.", sagte Hartmut Libermann, Cheftheologe an der Universität von Grammberg.

„Meinen Sie das ernst?"

„Natürlich nicht, aber auch Religionen müssen eingeschränkt werden."

Friedrich seufzte.

„Kirchen vielleicht, lieber Herr Libermann, aber Religionen müssen atmen können."

„Und was ist, wenn diese Religionen einen so starken Mundgeruch haben, dass sie andere Kirchen beim Atmen stören?"

Friedrich musste unwillkürlich lachen.

„Solange der Mundgeruch nicht schädigend ist, dann ist das schon in Ordnung. Erst wenn Religionen die Freiheit von anderen Religionen und/oder Menschen einschränken, soll-

ten wir eingreifen."
Libermann schaute auf.
„Belästigen ist also in Ordnung?"
„Solange es nur verbal oder schriftlich stattfindet, ja. Natürlich darf es nicht beleidigend sein. Das würde die Würde des Menschen verletzen."
Professor Libermann runzelte die Stirn.
„Ich werde darüber nachdenken, Herr Präsident."
„Das würde mich freuen."

„Polinskan hat Hanland angegriffen."
General Erwin von Tramm wirkte beunruhigt.
„Herr Präsident, wir müssen Hanland beistehen. Wir sind Bündnispartner."
„Das ist mir wohl bewusst. Das Parlament hat bereits grünes Licht gegeben. Wie ist die Lage?"
„Der Feind hat eine große Bodenoffensive gestartet und zwar ohne vorherige Luftangriffe."
„Ist das nicht ungewöhnlich?"
„Ja, Herr Präsident. Deswegen wurden wir auch so überrascht. Das ist ein Angriffskrieg. Es wurde weder eine Kriegserklärung gemacht, noch wurde Polinskan provoziert oder bedroht."
„Ich werde die Mobilmachung unterschreiben. Manchmal ist Krieg auch ein reinigendes Mittel."
„Das freut mich zu hören, Herr Präsident."
„Wie wollen Sie vorgehen, General?"
„Wir werden unverzüglich unsere Marine an die hanländische Küste schicken, um die alliierten Nachschublinien zu schützen. Des Weiteren werden wir die gegnerische Kommunikation gezielt durch Luftangriffe ausschalten. Wir werden wie ein Skalpell arbeiten, ohne viele zivile Verluste."

„Viele?“
„Wie bitte, Herr Präsident?“
„Was meinen Sie mit „ohne viele Verluste“?“
„Nun ja, ein Krieg ohne zivile Verluste ist nicht machbar.“
„Versuchen Sie es doch bitte.“
Erwin von Tramm dachte darüber nach. Der Präsident hatte Recht. Wie sollte er ein wünschenswertes Ziel erreichen, wenn er es von vorneherein ausschloss?
„Richtig, Herr Präsident. Das werde ich.“

In der Folgezeit konnte Friedrich alle seine innenpolitischen Ziele durchsetzen. Es hatte zwar einige Unruhen in den unteren Bevölkerungsschichten gegeben, aber diese konnten zumeist friedlich, selten durch den Einsatz von Gummigeschossen und Wasserwerfen niedergeschlagen werden. Hanland und Großromun besiegten Polinskan und teilten deren Staatsgebiet unter sich auf. Zehn Jahre später verbanden sich Hanland und Großromun zu Großhan, wobei die innenpolitischen Verhältnisse von Großromun fast vollständig übernommen wurden. Im Alter von neunundachtzig Jahren starb Friedrich an den Folgen einer Lungenentzündung. Sein Nachfolger wurde sein engster Vertrauter mit dem Namen Emil von Vohan. Emil wurde vom Parlament mit einer Mehrheit von über neunzig Prozent ins Amt gewählt.

Es folgte eine lange Dekade des Friedens, welche vor allem dadurch gewährleistet wurde, dass alle größeren Mächte über Massenvernichtungswaffen verfügten. Das Motto der meisten Staaten lautete Abschreckung anstatt Dialog. Auch hatten viele Staaten noch nicht das Prinzip der Trennung von Staat und Kirche erkannt. Die Folge war, dass besonders extremistisch angehauchte Religionsauffassungen mit

Gewalt an die Staatsmacht kamen, indem sie militärischen Subjekten bei Putschen halfen. Großhan war einer der wenigen Felsen in der Brandung in einer Welt des Wahnsinns. Das Konklave der Nordmächte, an deren Spitze Großhan stand, war ein Bündnis aus Staaten, das ursprünglich als defensives Militärbündnis gedacht war.

„Meine Damen und Herren, liebe Brüder und Schwestern", begann Emil seine Rede.
„Wir stehen am Scheideweg. Der eine Weg führt in die Vergangenheit, der andere Weg in eine glorreiche Zukunft. Ein jeder sollte nicht fragen, was er für sich will, sondern *wir* sollten uns fragen, was wir für uns wollen."
Die Teilnehmer des Konklaves wurden unruhig. Bram Beene, der Staatsminister von den Vereinigten Reichen von Engin, stand auf und ergriff das Wort.
„Und was soll das sein? Großhan kann gut reden, aber was haben wir, die kleineren Staaten davon?"
„Genau das ist der Fehler der Menschheit, der sich schon seit Jahrtausenden in unseren Köpfen breit macht. Sie fragen, was es Ihnen bringt. Ich frage, was es uns bringt. Wir sollten als ein Kollektiv auftreten und nicht als ein lockeres Bündnis von Einzelstaaten. Das hat viele Vorteile, aber keine Nachteile. Wir wären weltweit die stärkste Wirtschaftsmacht. Wir könnten einheitliche Gesetze und eine einheitliche Währung schaffen, wodurch Bürokratie abgebaut werden könnte. Wir könnten die von uns definierten Menschenrechte für alle Bürger unseres Reiches geltend machen. Wir wären militärisch unangreifbar und Terrorismus könnte durch eine Zusammenlegung unserer Geheimdienste gezielter bekämpft werden. Wir könnten unsere demokratischen Vorstellungen für über fünfhundert Millionen Menschen

definieren. Wir könnten unsere klimatischen Zonen besser nutzen, weil es in unserem Land dann fast alle Klimazonen gäbe. Der Norden könnte den Süden mit Weizen versorgen und der Süden den Norden mit Ölen – ohne Zölle. Wir könnten einheitliche Qualitätsstandards für die in unserem Land produzierten Güter schaffen. Wir würden die bipolaren Verhältnisse in der Weltwirtschaft zwischen Unland und Utan aufbrechen. Glauben Sie wirklich, dass einer dieser beiden Staaten uns als Einzelstaaten sonderlich ernst nimmt? Unland hat über zwei Milliarden Einwohner und eine Wirtschaftskraft, die zum Beispiel hundertundein mal so hoch ist, wie die von Großhan. Utan ist ähnlich mächtig. Wir würden einander helfen. Der Starke dem Schwachen. Hilfe zur Selbsthilfe."

„Das ist ja alles schön und gut, aber wir würden unsere nationale Kultur aufgeben müssen!", warf Beene ein. Er war für seine antikollektive Haltung auf dem ganzen Kontinent berühmt – oder vielmehr berüchtigt.

„Warum das? Regionale Unterschiede in der Kultur und Geschichte gibt es doch auch innerhalb unserer Einzelstaaten, ohne, dass sie sich einander auslöschen würden. Ein weiterer Vorteil einer festen Gemeinschaft in Form eines Großstaates wäre, dass wir eine einheitliche Amtssprache einführen könnten. Regional könnte man natürlich noch die jeweiligen Sprachen beibehalten, aber jeder müsste die neue Sprache so früh wie möglich lernen."

Beene sagte nichts mehr. Das Konklave wurde ruhiger. Die Staatsvertreter schienen zu einem großen Teil auf der Seite von Emil zu stehen.

Es folgten weitere Zusammenschlüsse von Staaten, teilweise durch leichten Druck und teilweise auch vollends freiwillig.

Jahrhunderte vergingen. Es bildeten sich in der Folgezeit insgesamt vier Großreiche, die sich nach und nach zu einem Weltstaat zusammenschlossen. Die von Friedrich eingeführten Staatsprinzipien wurden größtenteils noch immer verwendet. Es gab kein Geld mehr, sondern Menschen hatten nun gemeinsame Ziele und durch die Jahrhunderte dauernde, passive Selektion der Bevölkerung waren die meisten Menschen bestrebt darin, etwas Sinnvolles zu leisten. Der größte Einschnitt in die Friedrich'schen Prinzipien war, dass folglich die Marktwirtschaft als Wirtschaftssystem wegfiel. Jeder bekam gleich viel zu essen, eine großzügige Wohnung und eine bestimmte Anzahl von Credits, um beim Staat bestimmte Dinge zu Festpreisen einzukaufen – wie z.B. Utensilien für Hobbys. Menschen, die nichts leisteten, das in einem sinnvollen Verhältnis zu ihrer Leistungsfähigkeit stand, bekamen keine Credits, sondern nur eine grundlegende Versorgung. Eine Regierung gab es natürlich immer noch und die von Friedrich eingeführten Wahlprinzipien hatten immer noch Gültigkeit, lediglich die irdische Außenpolitik fiel weg. Menschliche Siedlungen im Weltall unterstanden der Erde, wodurch mit der Zeit aus dem Weltstaat ein Weltallstaat im von Menschen besiedelten Raum wurde. Auf kulturelle, religiöse, ethnische, etc. Unterschiede wurde Rücksicht genommen.

Aus den meisten, der in diesem Kapitel erörterten und teilweise von mir entwickelten Ideen ergibt sich das Schöber'sche Staatssystem, allerdings habe ich dieses Kapitel bewusst in dem Stil geschrieben, in welchem ich es geschrieben habe.

Das Größte aller Übel

Gesellschaftliche Probleme

Es existiert in unserer westlichen Gemeinschaft eine Vielzahl von Problemen. Vorwiegend haben diese Probleme etwas mit dem Werteverfall zutun, der sich bei den Menschen in der westlichen Welt immer weiter ausbreitet. Speziell das neue Götzenbild der Menschen (Geld), trägt dafür Sorge, dass immer mehr Menschen nicht mehr wissen, was richtig und was falsch ist.

Unsere Gesellschaft lässt sich prinzipiell in einige große Schubladen einteilen:

1. Familien & Freunde
2. Moralische Werte
3. Politik & Staat
4. Wirtschaft
5. Kirche (siehe *Religiöse Irrfahrten*)
6. Ikonen
7. Bildung
8. Gesundheit
9. Geschichte
10. Kultur
11. Globalisierung
12. Krieg (siehe *Warum muss es Krieg geben?*)
13. Medien

S. Organisationen

Diese kleine Auswahl an Schubladen sollte ausreichen, um in diesem Kapitel verdeutlichen zu können, welche Probleme unsere Gesellschaft hat.

1. Familien & Freunde

Vor gar nicht so langer Zeit lebten die Menschen in festen Familienstrukturen, häufig sogar mehrere Generationen unter einem Dach. Es wurde zusammen gearbeitet, gebetet und angepackt. Diese Familien wohnten häufig in einem Dorf oder einem Stadtteil, in welchem jeder jeden kannte. Es wurde einander geholfen, z.B. bei der Ernte. Es herrschte ein Gemeinschaftsgefühl vor.

Dass in der heutigen Zeit bestimmte Elemente einer solchen Lebensweise zu großen Teilen nicht mehr auf unsere moderne Gesellschaft zu übertragen sind, ist klar. Der moderne Mensch lebt nun einmal zumeist nicht mehr auf dem Land und muss die Ernte einbringen. Auch wenden sich immer mehr Menschen von Gott ab, was prinzipiell aber nicht negativ zu werten sein muss. Auch führt eine zunehmende Anonymisierung des Einzelnen in Großstädten dazu, dass die damalige Lebensweise heute nur noch eingeschränkt anwendbar ist.

Bedenklich sind aber dennoch einige Dinge. Kinder und Jugendliche haben zunehmend weniger Respekt vor ihren Eltern. So sind in einigen Gegenden Beleidigungen, Anfeindungen und sogar tätliche Übergriffe an der Tagesordnung. Ganz unschuldig sind die Eltern daran aber nicht, denn ein familiärer Zusammenhalt fehlt oft. Heutzutage wird zumeist gar nicht mehr geheiratet und wenn doch, dann scheidet man sich häufig lieber, als Konflikte auf eine vernünftige Art und Weise auszutragen. Viele Frauen haben Kinder von drei oder mehr verschiedenen Männern. Kinder müssen oft ohne eine väterliche Figur aufwachsen. Es ist schwer einem Kind sicheren Halt zugeben, wenn man selbst ohne Rücksicht auf Verluste lebt.

Mein Vorschlag wäre, dass Mädchen aus sozial schwachen Familien schon frühzeitig beraten werden, vor allem in Hinblick auf Schwangerschaftsverhütung. Des Weiteren sollte einem eine Scheidung nicht so einfach gemacht werden, wie es heutzutage der Fall ist. Andere Lösungsvorschläge ergeben sich aus anderen Punkten, die ich im weiteren Verlauf dieses Kapitels behandeln werde.

2. Moralische Werte

Eine grundlegende Moral, die für alle Menschen, unabhängig von ethnischer und kultureller Herkunft, gültig ist, ist schwer zu bestimmen. Dennoch weiß eigentlich jeder Mensch, was man machen darf und was nicht. Eigentlich weiß jeder, dass es z.B. falsch ist zu stehlen oder zu lügen. Einige machen es zwar trotzdem, aber sie wissen in ihrem tiefsten Inneren, dass es falsch ist.

Obwohl einige wenige Handlungsweisen in der westlichen Welt immer noch als grundsätzlich falsch gelten, ist doch ein zunehmender Verfall dieser Werte zu verzeichnen. So lügen z.B. viele Staatsmänner, wenn es auf Wahlen zugeht. Topmanager bedienen sich freimütig aus Firmenkassen und schleusen das so ergaunerte Geld auf Konten in Steueroasen. Eltern schlagen ihre Kinder oder andersherum. Abartig unmoralische Menschen, wie z.B. Pädophile, gelten als krank und nicht als das was sie sind – nämlich abartig unmoralisch. Täterschutz geht hier und in anderen Fällen häufig vor Opferschutz. Menschen sprechen lieber von „mehr“, als von „richtig“.

Gerade der Gesetzgeber und religiöse und kulturelle Organisationen müssen wieder vermehrt dafür sorgen, dass bestimmte Grenzen nicht überschritten werden, beziehungsweise, dass eine Überschreitung dieser Grenzen knallharte Konsequenzen hat. Jahrhunderte alte Werte müssen wieder vermittelt und erlernt werden.

3. Politik & Staat

Früher hatten Politiker das Ziel den Menschen zu dienen. Gerade die Revolutionen des 18. und 19. Jahrhunderts hatten den Menschen ein neues Verständnis von staatsmännischem Verhalten vermittelt. Mal ab davon, dass sich diese Revolutionen oft im Sande verliefen, zeigten sie vor allem den Drang der Menschen nach Freiheit und Gleichheit. Man wollte, dass Politiker ehrlich sind und sich dem Wohle des Volkes verschrieben.

Ist es aber nicht so, dass damals wie heute Anspruch und Wirklichkeit aneinander vorbeilaufen? Auch heute dienen Politiker häufig mehr sich selbst, als anderen Menschen. Im Europäischen Parlament haben einige Abgeordnete z.B. Anwesenheitsquoten von 60% und weniger – trotzdem tragen sie sich als anwesend ein, um Geld zu kassieren. Nicht nur in den Vereinigten Staaten von Amerika explodiert die Macht von Wirtschaftsbossen und Lobbyisten auf die Politik förmlich. Häufig machen die wirtschaftlichen Interessen von Großunternehmen Politik und nicht die Politiker.

Ein weiterer Punkt, der einem übel aufstoßen muss, wenn man an Politik denkt, ist, dass häufig parteipolitische Interessen wichtiger sind, als das Wohl der Allgemeinheit. Gerade Hessen und Schleswig-Holstein haben gezeigt, wie verbissen sich manche an der Macht festkrallen.

Der Staat an sich ist schon ein seltsames Konstrukt. Eine willkürliche Zusammenrottung von Menschen auf Basis von vermeintlicher geographischer, kultureller und/oder historischer Zusammengehörigkeit. Noch bizarrer wird dieses Konstrukt, weil es die eigenen Interessen über das Wohl der Volksgemeinschaft stellt. Notfalls werden diese Interessen auch unter Androhung und/oder Anwendung von Gewalt durchgesetzt.

4. Wirtschaft

Gerade die Weltwirtschafts- und Finanzkrise 2008 – 2010 hat gezeigt, welche Verhältnisse in der modernen Wirtschaft vorherrschen. Allerdings gibt es diese Verhältnisse in der Weltwirtschaft schon seit Jahrzehnten, was unter anderem auch schon 1929 zu einer weltweiten Wirtschaftskrise geführt hat.

Bestimmte Märkte und Marktsegmente werden dermaßen aufgeblasen, dass eigentlich gar nichts anderes passieren kann, als dass diese Blasen irgendwann einmal platzen. Derartiges konnte man schon häufiger beobachten und zwar nicht nur 1929 an den Aktienmärkten oder 2008 – 2010 auf den Immobilienmärkten. Schon Anfang des 21. Jahrhunderts platze die Profitblase an den neuen Märkten. Der Internetboom war vorbei und Branchen hatten, aufgrund von teilweise dreistelligen Steigerungsraten, über ihre Verhältnisse gelebt.

Am interessantesten ist aber die Beobachtung der Krise von 2008 – 2010, vor allem in Hinblick auf die Reaktionen des Staates. In Deutschland steckten vor allem zwei Unternehmen in Schwierigkeiten: Opel und Karstadt inklusive Muttergesellschaft. Es fällt auf, dass beide Unternehmen schon mal in der Presse waren, weil sie kurz vor dem Konkurs standen. Da Opel inzwischen aber eine Tochter des amerikanischen Autoriesen General Motors (GM) war, geriet Opel diesmal nicht aufgrund eigener Verfehlungen in Schwierigkeiten, sondern GM hatte Opel mit in den Abgrund gezogen. Da es nicht nur um Arbeitsplätze, sondern vor allem um Wählerstimmen ging, griff die große Koalition ein und rettete das Unternehmen mithilfe von Staatsbürgschaften. Hätte man im Jahr 2009 nicht den Bundestag neu wählen müssen, dann hätten sich die verantwortlichen Politiker ein Eingreifen wohl dreimal überlegt (siehe 2010).

Die Wirtschaft und der Staat haben also ihre eigenen Prinzipien gebrochen. Die soziale Marktwirtschaft war aufgrund unzureichender Reglementierungen an dieser Stelle gescheitert. Gerade global geltende Wirtschaftsgesetze und Grenzen sind notwendig, um unrealistischen Marktentwicklungen vorzubeugen. Es bleibt abzuwarten, ob die Welt gelernt hat oder ob es eine dritte Weltwirtschaftskrise geben wird.

Auffallend ist, dass gerade in großen Unternehmen oft Verhältnisse herrschen, wie bei der Staatssicherheit in der DDR. Es wird bespitzelt, abgehört und abgemahnt. Ich frage mich manchmal, wer eigentlich die Vorstände dieser Unternehmen abhört und bestraft. Wo kommen die unrealistisch hohen Abfindungen her, wenn Manager versagt haben und gehen müssen? Warum wird jemand für das eigene Scheitern entlohnt? Wie kann ein einziger Mensch so viel leisten, dass er das Hundertfache eines einfachen Arbeiters verdienen kann? Eine höhere Ausbildung, mehr Verantwortung und extrem fordernde Arbeitsumstände gehören sicherlich gut entlohnt, aber man darf niemals die Verhältnismäßigkeit aus den Augen verlieren.

5. Kirche

Siehe *Religiöse Irrfahrten*.

Unabhängig von der moralischen und historischen Schuld von Kirchen, haben sie in der heutigen Zeit primär die Aufgaben Beratung und Hilfe. Gerade aus dem christlich-katholischen Lager hört man bezüglich der Verfehlungen in Wirtschaft, Politik und Familie zu wenig Kritik und mahnende Worte. Man beschäftigt sich lieber wochenlang damit, ob ein völlig weltfremder Holocaustleugner in der Kirche bleiben darf oder nicht, als sich mit den wirklich weltlichen Problemen zu beschäftigen und solche Leute kompromisslos zu exkommunizieren.

Wo war die Kirche, als Manager sich selbst bedient haben? Wo war die Kirche, als Kriege für Rohstoffe geführt worden sind? Wo war die Kirche, als Wahlversprechen gebrochen worden sind? Wo war die Kirche, als Hunderttausende verhungert sind? Wo war die Kirche, als ethnische Säuberungen und Massenvertreibungen stattgefunden haben? Wo war die Kirche, als sich Brüder im nahen Osten an die Gurgel gegangen sind? Wo war die Kirche, als Israel eine illegale Mauer hochgezogen hat? Wo war die Kirche, als afrikanische Flüchtlinge in Italien wie Vieh behandelt worden sind?

Die Kirche saß in ihren Palästen, fernab jeder Realität.

6. Ikonen

In vorherigen Jahrhunderten und sogar Jahrtausenden verehrten die Menschen, neben ihren Göttern, vor allem ihren Adel. Im alten Ägypten hatte man ihnen zu Ehren riesige Grabmäler und Tempel errichtet. Im alten China hatte man ganze Tonarmeen für sie angefertigt. In Rom hatte man für sie Spiele abgehalten, in welchen Menschen starben. In vielen Staaten Europas hatte man den Adel das ganze Mittelalter und noch länger herrschen lassen, ohne, dass diese Herrscher oft wirklich für ihr Amt geeignet waren.

Auch heute verehren einige Länder noch ihre Adligen. Selbst in fortschrittlichen Staaten wie Japan, Belgien, Holland, Dänemark, Norwegen, Schweden, Spanien und England gibt es noch Königshäuser (beziehungsweise in Japan das Kaisertum), die zumindest teilweise mitregieren dürfen und nur aufgrund ihrer genetischen Abstammung in einem unermesslichen Reichtum leben. Von den Herrschern in weniger privilegierten Staaten, wie z.B. Thailand oder Marokko, ganz zu schweigen. Eine besondere Rolle spielen auch die neureichen Staaten des Morgenlandes, wie z.B.

Saudi-Arabien und die Vereinigten Arabischen Emirate, wo Könige und Prinzen sogar uneingeschränkt herrschen.

Neben der völlig grundlosen Existenz des Adels, der keine Basis für einen Herrschaftsanspruch hat, außer eine an den Haaren herbeigezogene Rechtfertigung durch Gott, existieren in der modernen Gesellschaft aber auch noch andere Ikonen. Gerade zwei Bereiche stechen hier besonders hervor: Sport und Unterhaltung. In manchen Sportarten verdienen Sportler manchmal mehr in einem Monat, als zwanzig durchschnittliche deutsche Arbeiter im Jahr. Wir verehren diese Menschen für ihr Talent und ihr Können, was teilweise dem Gladiatorenkult im alten Rom gleicht. Diese Ikonen könnten häufig unmoralischer kaum leben. Alkohol- und Drogenexzesse sind an der Tagesordnung. Es wird fremdgegangen, betrogen und gelogen. Trotzdem feiern wir diese Menschen.

In der Unterhaltungsindustrie sieht es ähnlich aus. Auch hier verdienen einige Menschen abartig hohe Summen, die das Leistungsniveau dieser Menschen um ein Vielfaches übersteigen. In Hollywood gelten Ehen, die länger als fünf Jahren halten schon als außergewöhnlich. Die Kinder solcher Stars leben im Luxus und werden völlig verzogen. Auf einem amerikanischen Musiksender gab es einmal eine Sendung, in welcher gezeigt wurde, wie extrem reiche Kinder ihren sechzehnten Geburtstag gefeiert haben. Diese Kinder haben sich ähnlich verhalten, wie die Adligen von vor zweihundertzwanzig Jahren. Da wundert es einen kaum, dass es z.B. eine französische Revolution gegeben hat.

Diese Kreise sind ein ganz gutes Spiegelbild unserer Gesellschaft, in welcher Geld und Ruhm mehr bedeuten, als Tugendhaftigkeit und Zusammenhalt.

7. Bildung

Um die Bildung des gemeinen Menschen war es noch nie sonderlich gut bestellt. Gute Schulen und Universitäten waren etwas für Reiche oder Hochgeborene. So vegetierte die Allgemeinheit in ihrer eigenen Unwissenheit dahin. Selbst die Erfindung des Buchdruckes vermochte nur wenig zu helfen, weil es kaum Leute gab, die bereit waren anderen das Lesen beizubringen. Schließlich erkämpfte sich das Volk das Recht auf freie Bildung für freie Menschen. Gerade die Aufklärung und die Sturm und Drang Zeit verhalfen den Menschen zu neuen Möglichkeiten sich zu bilden.

Wenn man sich heutzutage einmal anschaut, wie es um unsere Jugend bestellt ist, dann läuft es einem kalt den Rücken runter. Gerade Jugendliche, deren Eltern selbst total ungebildet sind, verweigern häufig den Gang in die Schule. Man langweilt sich lieber und „hängt ab", als sich auf ein Leben nach dem Elternhaus vorzubereiten. Das, wofür tausende von Menschen gestorben sind, wird von diesen Jugendlichen mit Füßen getreten.

Wo ein solch unmoralisches Verhalten hinführt sieht man auf den Arbeitsmärkten. Inzwischen gibt es einige Branchen, die zwar gerne ausbilden würden, es aber nicht können, weil sie keine geeigneten Jugendlichen mehr finden. Ein guter Indikator für diesen Umstand ist der quantitative Einsatz von dem Instrument Personalmarketing auf dem

Ausbildungsmarkt. Es ist festzustellen, dass es Unternehmen in bestimmten Branchen (z.B. dem Fleischerhandwerk) immer schwerer haben, geeignete Auszubildende zu finden.

Der leicht zu missbrauchende Sozialstaat trägt natürlich auch einen nicht unerheblichen Teil dazu bei. Ein amerikanischer Professor von mir hat mich einmal gefragt, warum Menschen in Deutschland überhaupt noch arbeiten würden, denn ihnen würde ja sowieso ihr Lebensunterhalt bezahlt.

8. Gesundheit

Heutzutage können sich alle Deutschen eine grundlegende Gesundheitsversorgung leisten, wenn sie nur wollen. Dafür tragen die gesetzlichen Krankenkassen Sorge. Was aber, wenn die Bevölkerung immer älter und auch dümmer wird? Der demographische Wandel sorgt dafür, dass Menschen, vor allem aufgrund einer besseren medizinischen Versorgung, immer älter werden. Das ist auch gut so, solange noch genug qualifizierte Menschen nachkommen.

Das Kernproblem ist, dass die Finanzierung der gesetzlichen Krankenversicherung langfristig nicht mehr gewährleistet ist, weil die nachkommende Bevölkerung immer dümmer wird (siehe 7. Bildung). So haben Akademiker momentan im Schnitt circa 1,2 Kinder und Sozialhilfeempfänger im Schnitt über 3 Kinder. Es ist klar, dass nicht alle Sozialhilfeempfänger dumm sind und/oder dumme Kinder zeugen. Aber eine deutliche Tendenz ist erkennbar.

Nun muss der arbeitende Teil der Bevölkerung drei Dinge leisten.

1. Die Versorgung der Alten.
2. Die Versorgung der Kranken.
3. Die Versorgung der Menschen ohne Erwerb.

Der arbeitende Teil der Bevölkerung schrumpft, während die drei Bereiche (alte Menschen sind häufiger krank, als junge Menschen) zunehmen. Der Super-GAU wird sicherlich nicht mehr lange auf sich warten lassen. So könnte eines der wichtigsten moralischen Standbeine einer modernen Gesellschaft, nämlich die medizinische Versorgung aller Menschen, bald brechen.

Eine kontrollierte und sozialverträgliche Liberalisierung der Gesundheitsmärkte wäre ein möglicher Lösungsansatz.

9. Geschichte

Die historische Entwicklung eines Volkes bestimmt dessen Charakter. Es existiert keine führende Nation auf der Erde, die ihren Charakter zu einem nicht unerheblichen Teil in Kriegen geschmiedet hat. Die Vereinigten Staaten von Amerika hatten z.B. ihren Unabhängigkeitskrieg und ihren Bürgerkrieg. Deutschland hatte z.B. den Dreißigjährigen Krieg und den Deutsch-Französischen Krieg. England hatte z.B. den Krieg gegen William Wallace und den Hundertjährigen Krieg. Frankreich hatte z.B. die Napoleonischen Kriege und den ersten Weltkrieg. Russland hatte z.B. den Russisch-Japanischen Krieg und den zweiten Weltkrieg. Diese Liste an Beispielen ließe sich beliebig fortführen und auf jede große Nation der Erde anwenden, seien es Angriffs-, Bürger-, Unabhängigkeits-, Religions- oder Verteidigungskriege.

Ein Großteil des Charakters einer Nation begründet sich also durch zumeist unmoralisches Handeln, nämlich Krieg. Sagt das nicht viel über die menschliche Natur aus? Denn schließlich sind Staaten häufig eine Reflexion der Menschen, die in ihnen leben.

Problematisch ist in der heutigen Zeit, dass sich viele Menschen mit historischen Ereignissen identifizieren, die philosophisch schon lange als veraltet und unmoralisch zu werten sind. Gerade der immer mehr verstärkt auftretende Rechtsradikalismus ist ein Musterbeispiel für diesen Umstand. Nicht nur in Deutschland haben rechtsextreme Gruppierungen mittlerweile eine politische Basis. In den Niederlanden haben sogar circa siebzehn Prozent der Wähler bei der Europawahl 2009 rechts gewählt. Auch in Österreich, Dänemark und Frankreich bildet sich immer mehr eine rechtsradikale Front. Ein gutes Beispiel dafür, dass Menschen nicht immer aus der Geschichte lernen, sondern, dass einige Menschen die Geschichte missbrauchen.

10. Kultur

Die Kultur ist in der Gesellschaft ähnlich zu werten, wie die Geschichte. Auch eine kulturelle Entwicklung benötigt Zeit und ist durch Fehlinterpretationen oder das Ausbleiben eines Lernprozesses missbrauchbar. So glauben heutzutage wieder viele Menschen an die mystischen Lehren, wie sie von den nationalsozialistischen Mystikern, allen voran Heinrich Himmler, gepredigt wurden. Ein seltsamer Mischglaube bestehend aus Atheismus, altgermanischen Glaubensrichtungen und falsch dargestellten christlichen Ansätzen.

Ein anderes gutes Beispiel ist die sogenannte Kulturrevolution in China. Mao hatte hier zur Vernichtung altchinesischer Kulturgüter aufgerufen. Es gibt weltweit wohl kein Ereignis, das in einer so kurzen Zeit so viel kulturellen Schaden angerichtet hat.

11. Globalisierung

„Die Welt ist ein Dorf" ist ein Satz, den man immer häufiger zu hören bekommt. Tatsächlich hat vor allem das Internet dazu beigetragen, dass die Welt enger zusammengerückt ist. Problematisch wird dies, wenn wir entweder a) dadurch unsere Kultur und Herkunft vergessen oder b) unsere eigene Kultur und Herkunft über die der anderen Menschen stellen. Gerade Letzteres findet heutzutage sehr oft statt.

Ein weiterer Punkt ist, dass die Globalisierung auch auf den Wirtschaftsmärkten zu einem gesellschaftlichen Problem werden könnte. Das Stichwort lautet hier „moderner" Imperialismus. Es besteht die Gefahr, dass wieder Verhältnisse entstehen könnten, wie sie Anfang des 20. Jahrhunderts vorgeherrscht haben. Selbstverständlich nicht auf die klassische Art und Weise, also dass Staaten andere Staaten besetzen und militärisch unterdrücken. Aber gerade durch finanziellen Druck und wirtschaftliche Tyrannei könnten Verhältnisse entstehen, die nahe am klassischen Imperialismus liegen.

Gerade China hat gezeigt, dass auch das Problem von Diebstählen bedenklich ist. Durch schnelle Kommunikationskanäle haben Diebe die Möglichkeit, anderen Menschen ihre Ideen zu klauen. Vor allem chinesische Hersteller stehlen gerne Patente von Firmen aus anderen Staaten und bieten diese als Konkurrenzprodukte zum Original auf den Weltmärkten an.

Auch die Gefahren für die nationalen Arbeitsmärkte durch Outsourcing und Exportflauten werden in der Politik oft unterschätzt. Zwar haben mittlerweile z.B. in Deutschland einige Unternehmen erkannt, dass man z.B. in Polen nicht mit der gleichen Qualität produzieren kann wie in Deutschland, aber reumütige Unternehmen, die zurückkommen, sind immer noch ein seltener Anblick.

12. Krieg

Siehe *Warum muss es Krieg geben?*

Kriege sind und waren immer ein Teil der Menschheitsgeschichte. Die Gefahr, dass Staaten aus niederen Beweggründen, z.B. Rohstoffe oder territoriale Interessen, Kriege anfangen besteht eigentlich immer.

13. Medien

Die Medien, seien es nun Radio, Print, TV oder Internet, vermitteln häufig falsche Dinge oder richtige Sachverhalte auf die falsche Art und Weise. Der Informationsbedarf der Bevölkerung wird so häufig dem äußeren Anschein nach zwar gestillt, aber tatsächlich werden Informationen häufig falsch oder nur unzureichend veröffentlicht.

Das Problem ist, dass Medien beeinflussbar sind, z.B. durch Lobbygruppen oder Parteien. Die Objektivität von Medienunternehmen ist dadurch nur selten gewährleistet. Ein weiteres Problem kann sein, dass Medien auf so gut wie alle anderen gesellschaftlichen Teilbereiche Einfluss nehmen. Ein gutes Beispiel sind hier die bereits in diesem Kapitel behandelten Ikonen, die durch die Medien erst eine Plattform bekommen, um ihre unmoralischen Weltansichten kommunizieren zu können.

Auch treiben vor allem die privaten Fernsehanstalten die Verdummung der Bevölkerung zu einem nicht unerheblichen Teil voran. Wer sich einmal das Mittags- und Nachmittagsprogramm dieser Sender angeschaut hat, der weiß, dass einige Sendungen Menschen dazu zu zwingen scheinen, dumm zu bleiben und/oder zu werden.

Auch scheinen Medien immer brutaler und ungehemmter zu werden. Gerade in der Computerspiele- und Musikindustrie sind Themen wie Sex, Mord und Krieg an der Tagesordnung. Eine ganze Generation von Menschen hört Sprechgesang, der Frauen mit Tieren gleichsetzt und Kriminalität zu einer guten Sache macht. Computerspiele ermöglichen einem das Zerstückeln von Leichen.

14. Organisationen

Viele Organisationen stellen ein gesellschaftliches Problem dar. Neben den offensichtlichen Organisationen, wie z.B. links- und rechtsextreme Parteien und Vereine, sind es vor allem die Organisationen, die eigentlich als „gut“ gelten. Allen voran ist hier die UN zu nennen. Es ist interessant, dass die UN Völkermord, Menschenrechtsverletzungen und illegale Kriege immer nur „verurteilt“ oder halbherzige

Sanktionen beschließt, anstatt aktiv für Ordnung in der Welt zu sorgen.

Gute Beispiele für die Handlungsunfähigkeit der UN sind die Vertreibungen in Darfur, die nordkoreanischen Atomtests oder die Menschenrechtsverletzungen in China. Die erste Region ist zu arm, als dass sich Hilfe zu lohnen scheint. Die zweite Region scheint zu unbedeutend zu sein, als dass sich eine aktive Intervention zu lohnen scheint. Die letzte Region ist wirtschaftlich zu stark, als dass man sich ein Handeln zutraut. Derartige Beispiele lassen sich, trotz der relativ kurzen Zeit, seit welcher es die UN gibt, zu hunderten finden.

Prinzipiell handeln Organisationen häufig mehr aus Selbsterhaltungsinteresse oder dem Interesse an mehr Macht und/oder Geld, als aus moralisch richtigen Gründen.

Eine genaue Auflistung von mehr Beispielen würde den Rahmen dieses Kapitels sprengen. Generell habe ich in diesem Kapitel gesellschaftliche Probleme nur angeschnitten. Über diese Thematik könnte man problemlos mehrere Bücher schreiben.

Gott über Allem

Religiöse Irrfahrten

Man muss von vorneherein zwei Dinge unterscheiden: Religionen und organisierte Religionen, sprich Kirchen. Dieses Kapitel befasst sich vorwiegend mit Letzterem, weil Religionen an sich in der Regel nur unmoralische Fahrt aufnehmen können, wenn sie konzentriert und organisiert auftreten.

Religiöse Irrfahrten gab es in der Geschichte der Menschheit zahllose. Angefangen mit den alten Ägyptern, die für ihre Götter Bauwerke errichtet haben, die den Tod von zahlreichen Menschen verursacht haben. Außerdem wurden Pyramiden errichtet, die dem jeweiligen Pharao ein gutes Leben nach dem Tod sichern sollten. Auch hier starben Tausende, überwiegend beim Bau der Pyramiden und teilweise auch, weil sie als Diener oder Familienmitglieder mit dem Verstorbenen in der Pyramide eingeschlossen worden sind. Auch im alten China starben Menschen, weil sich Herrscher von Gott zu einer absoluten Herrschaft berufen gefühlt haben. So unterdrückte Qin die anderen altchinesischen Reiche. Im antiken Griechenland opferten Priester und Herrscher ganze Armeen im Namen von göttlichen Kriegen. Auch hier starben Menschen bei der Errichtung von Bauwerken im Namen des griechischen Pantheons. In Mittelamerika starben zahllose Azteken, weil sie untereinander Krieg führten und sich gegenseitig opferten. Auch im heutigen Mexiko starben tausende Menschen bei der Errichtung der Stufenpyramiden. Im Namen des Christentums wurden vermeintliche Hexen verfolgt, Kreuzzüge gestartet und einer der größten Kriege der Menschheitsgeschichte in den Jahren von 1618 bis 1648 ausgefochten. Die Sixtinische Kapelle wurde mit Geldern finanziert, die durch unmoralisches Handeln erworben worden waren. Es ließen sich zahlreiche weitere Beispiele finden, sei es z.B. im alten Rom, in fast allen Weltreligionen oder bei den primitiven Glaubensrichtungen von Urvölkern.

Aber warum ist das so? Auffallend ist, dass es überall auf der Welt, unabhängig von der Zeit, zu Gottesglauben gekommen ist. Mal ist dieser Glaube in seiner Reglementierung freiheitlich, moralisch und friedlich und manchmal auch nicht. Prinzipiell neigen die Menschen dazu, sich durch Wissenschaft nicht erklärbare Sachverhalte durch Gott zu erklären. Oft hört man auch den Satz „da muss doch noch mehr sein“.

Es ist nur natürlich, dass man alles wissen und erklärt haben möchte. So sind wir Menschen nun einmal und in der Regel ist diese angeborene Neugier ein Quell des Wissens und Herausfindens. Das begründet aber keineswegs die Existenz Gottes. Aber das habe ich bereits in diesem Buch behandelt.

Ich möchte an dieser Stelle einmal detailliert aufzeigen, wozu der Gedanke „da muss doch noch mehr sein“ führen kann und nicht nur meine bisherige Zusammenfassung stehen lassen.

1414, Italien. Anfang des 15. Jahrhunderts wurde eine der wohl schlimmsten Persönlichkeiten geboren, wenn es um die Fehlinterpretation von religiösen Lehren geht. Papst Sixtus IV. wurde als Sohn einer armen, aber bekannten Familie geboren. Er beschritt den klassischen Lebensweg von einflussreichen Geistlichen. Schon früh trat er dem Franziskanerorden bei, um anschließend Theologie und Philosophie zu studieren.

Aufgrund seiner hervorragenden Leistungen auf dem Gebiet der theologischen Lehre wurde er im Alter von 49 Jahren zum Generalminister des Franziskanerordens gewählt, gut drei Jahre später wurde er sogar Kardinal. Im Jahre 1471 wurde er zum neuen Papst gewählt – war fortan als Sixtus IV. bekannt.

Wie viele andere Päpste auch, wurde Sixtus IV. überwiegend aufgrund unmoralischer und seinem Glauben zuwiderlaufender Handlungsweisen berühmt. Sixtus IV. führte ein Verbrechen am christlichen Glauben ein. Er erlaubte es Sündern, sich von ihren Sünden freizukaufen. Mit dem so erschwindelten Geld finanzierte er die nach ihm benannte Sixtinische Kapelle. Des Weiteren ernannte er Kardinäle nur aus drei Gründen: Verwandtschaft mit ihm und politischen und wirtschaftlichen Interessen.

Die schlimmsten Konsequenzen hatte aber die von ihm verfasste *Exigit sincerae devotionis*, welche die Grundlage für die spanische Inquisition des 15. und 16. Jahrhunderts war.

Man muss Sixtus IV. zugutehalten, dass er aufgrund politischer Machtverschiebungen nicht wirklich eine andere Wahl hatte, als der Inquisition zuzustimmen. Dennoch würde ein Mensch mit Rückgrat nicht seine religiösen Prinzipien verraten.

Es folgte ab 1478 die spanische Inquisition. Zwar wütete die Inquisition in vielen europäischen Staaten, aber sie war in Spanien besonders heftig. Die ersten Schritte der Inquisition richteten sich gegen ehemalige Juden, die zwar offiziell zum Christentum übergetreten waren, aber immer noch in Verdacht standen heimlich weiter den jüdischen Glauben auszuüben. Die meisten von ihnen starben auf dem Scheiterhaufen.

Im weiteren Verlauf der Inquisition, die mit kurzen Unterbrechungen bis ins Jahr 1834 fortbestand, starben aber nicht nur Juden und ehemalige Juden, sondern auch Gotteslästerer, Wissenschaftler, Forscher und andere vermeintliche Häretiker, Ketzer und Hexen.

Alle Inquisitionen zusammen haben schätzungsweise hunderttausende von Menschenleben gefordert. Zwar sollte das 20. Jahrhundert noch schlimmere Reinigungsverbrechen im Namen des Glaubens beziehungsweise im Namen von Kulten bereit halten, aber bis 1933 gab es nichts, was mit der christlichen Inquisition vergleichbar wäre. Erst Hitler, Stalin und vor allem Mao brachen den traurigen Rekord der mittelalterlichen und neuzeitlicheren Inquisition.

Ein Paradebeispiel für die Fehlinterpretation von Religionen sind die konfessionellen Gegensätze innerhalb des Christentums. Die zunehmende Reformationsbewegung der Lutheraner beziehungsweise Protestanten während des 16. und beginnenden 17. Jahrhunderts, gepaart mit der wieder erstarkten katholischen Kirche, sorgte dafür, dass es im Jahre 1618 zu einem großen Knall kam.

Anstatt tolerant dem anderen Glauben gegenüber zu sein, so wie es der Begründer des Christentums gepredigt hatte, gingen vor allem von der katholischen Seite offene Feindseligkeiten aus. Zusätzlich zu diesem Fehlverhalten war das beginnende 17. Jahrhundert prinzipiell eine Zeit, in welcher Frieden seltener vorzukommen schien, als Krieg. Neben religiösen Auseinandersetzungen spielten auch territoriale Interessen und Eitelkeiten des herrschenden Adels eine Rolle.

Schließlich war es Ferdinand II., der damalige König von Böhmen, der im Jahre 1618 das Fass zum überlaufen brachte. Im Jahre 1609 hatte Rudolf II. den protestantischen Christen im sogenannten Majestätsbrief Religionsfreiheit in Böhmen zugesichert. Diese Zusicherung, die eigentlich nie von Rudolf II. gewollt gewesen war, widerrief der erzkatholische Ferdinand. Es folgte der berühmte Prager Fenstersturz, der eine unmittelbare Protestaktion der betroffenen Gläubigen war.

Anschließend wählten die sich in Böhmen deutlich in der Mehrzahl befindenden Protestanten Friedrich V., einen Protestanten, zum neuen König von Böhmen. Anschließend folgte eine Reihe von kleineren Scharmützeln und Schlachten zwischen Böhmen und katholischen Gebieten, durch welche Böhmen fast nach Wien vordrang. Ferdinand konnte das natürlich nicht auf sich sitzen lassen und zog an der Seite von Bayern in den Krieg gegen Böhmen. Am Weißen Berg folgte im Jahre 1620 die erste große Schlacht des Dreißigjährigen Krieges – einer der schlimmsten Kriege der Menschheitsgeschichte hatte seinen Anfang genommen.

Gerade die Machtverschiebung zugunsten des Katholizismus musste Konsequenzen haben, denn die protestantischen Herrscher jener Zeit konnten eine derartige Verschiebung im Machtgefüge nicht zulassen.

Die verbliebenen protestantischen Heeresführer begannen außerhalb Böhmens mit Kämpfen gegen die Katholiken. Schließlich unterlagen die protestantischen Truppen in der Pfalz, der Heimat von Friedrich V., wodurch sich der katholische Machtbereich ausweitete.

Im Jahre 1623 sollte sich das Blatt im Krieg zugunsten der Protestanten wenden. Das protestantische Dänemark wollte die Machtverschiebungen innerhalb des Heiligen Römischen Reiches nicht mehr hinnehmen und zog, an der Seite der norddeutschen Protestantenherrscher, in den Krieg. Weil aber auch Dänemark, wie zuvor das rebellierende Böhmen, keine Unterstützung vonseiten anderer protestantischer Staaten zu erwarten hatte, verloren sie relativ schnell wichtige Schlachten. Gerade die Niederlage in der Schlacht bei Lutter war verheerend, weil die Dänen durch sie ihre deutschen Verbündeten verloren.

Schließlich wurden die Dänen an die Grenzen ihres eigenen Landes zurückgedrängt. Es folgte der Frieden von Lübeck, wodurch quasi ganz Norddeutschland in die Hände der Katholischen Liga fiel und der Krieg für Dänemark beendet war. Nun beging Ferdinand seinen zweiten großen diplomatischen Fehler. Er erließ das Restitutionsedikt, das protestantischen Herrschern einen großen Teil ihres Eigentums nahm.

Der wohl wichtigste protestantische Herrscher des Krieges, Gustav Adolf von Schweden, stellte ein Heer auf und landete im heutigen Mecklenburg-Vorpommern, wodurch er Mecklenburg-Vorpommern, Sachsen und Brandenburg zu einem Bündnis mit sich zwang. Im Jahre 1631 trafen die Schweden erstmals auf katholisch-kaiserliche Truppen unter der Führung des berüchtigten Heerführers Tilly. In circa einem Jahr marschierten die Schweden bis nach Bayern vor. Dort trafen sie auf den Oberbefehlshaber der kaiserlichen Truppen, namentlich Wallenstein.

Schließlich starb Gustav Adolf in der Schlacht bei Lützen. Sein Nachfolger führte die Kampfhandlungen auf deutschem Boden allerdings fort. Der Heilbronner Bund wurde geschlossen, um der Katholischen Liga entschlossener entgegentreten zu können. Die folgenden Ereignisse beendeten den Dreißigjährigen Krieg als Krieg der Religionen, vor allem durch den Prager Frieden und den Vertrag von Wismar. Ab 1635 kämpften protestantische Schweden nun an der Seite von katholischen Franzosen gegen die Habsburger.

Ich habe bisher vorwiegend Irrfahrten beschrieben, die im Namen des Christentums erfolgt sind, weil diese für das vorwiegend christliche Deutschland die größte Rolle spielen sollten. Aber auch viele andere Religionen – und wie beim Christentum vor allem deren Kirchen – haben in der Vergangenheit sehr unmoralisch gehandelt.

Ein gutes Beispiel ist das hinduistische Kastensystem, in welchem Menschen mit einem bestimmten Wert gleichgesetzt werden. Diesem System zufolge existieren fünf Kasten:

1. Die oberste Kaste, die für die spirituelle Führung des Volkes zuständig ist (Brahmanen).
2. Die weltlichen Herrscher, die zugleich Heeresführer und Könige sind (Kshatriyas).
3. Die guten Bürger, vorwiegend bestehend aus Händlern. Sie sollen den Wohlstand des Landes sichern (Vaishyas).
4. Die Diener, welche den drei oberen Kasten zu Diensten sein sollen (Shudras).
5. Die Unberührbaren. Die Menschen dieser Kaste sind, in den Augen der Hindus aus den anderen vier Kasten, nicht vielmehr als Tiere. Man darf sie – wie der Name schon sagt – nicht berühren und wenn möglich sollte man jeglichen Kontakt mit ihnen vermeiden.

Gerade im größtenteils hinduistischen Indien gehören viele Millionen Menschen der Kaste der Unberührbaren an. Besonders widerwärtig ist, dass man als Mensch in eine bestimmte Kaste hineingeboren wird. Eine Möglichkeit zum Ausbruch aus einer Kaste ist praktisch nicht vorhanden. Welche Potentiale so verschwendet werden, vermag niemand wirklich abzuschätzen.

Ein anderer Punkt in Bezug auf religiöse Irrfahrten ist die Stellung der Frau in vielen Religionen. Häufig gelten Frauen als Menschen zweiter Klasse. Dies gilt insbesondere für

Religionen, die den Sprung in die moderne Zeit noch weitgehend verpasst haben.

Auch hier möchte ich den Hinduismus als Beispiel nennen, Hier werden in einigen Regionen Frauen als Diener und teilweise sogar als Handelsware betrachtet. Auch bei der erniedrigenden Rolle der Frau, nicht nur im Hinduismus, ist nicht abzusehen, wie viel Potential hier verschwendet wird – von der menschlichen Tragödie einmal ganz abgesehen.

Ich möchte an dieser Stelle auch noch eine Entwicklung betrachten, die einem zunehmend Sorgen bereiten sollte. Es bilden sich seit vielen Jahrzehnten zunehmend Sekten, bei denen unter dem Vorwand einer Religion vor allem wirtschaftliche Interessen im Vordergrund stehen.

Diese Sekten bilden sich nicht unbedingt immer im Speckmantel von traditionellen Religionen, sondern entstehen häufig auch völlig autark.

Ein weiterer Punkt sind organisierte Religionen, die sich ganz offensichtlich auf Lügen aufbauen. Hier sind z.B. die Mormonen zu nennen, deren Glauben nicht nur aufgrund der eindeutig beweisbaren historischen Falschheit ihrer Aussagen scheitert, sondern auch deswegen, weil Joseph Smith ganz offensichtlich gelogen hat. Eine andere Erklärung, als Unehrlichkeiten vonseiten Joseph Smiths, ist jedenfalls nicht erkennbar, wenn man sich vor allem den Vorfall in Zusammenhang mit der Frau von Martin Harris anschaut.

Martin Harris war einer der Menschen, der für Joseph Smith das Buch Mormon geschrieben hat. Smith hatte den Text des Buches angeblich von zwei Platten übersetzt, die er aufgrund einer Vision gefunden haben wollte. Martin Harris nahm den Text, den er bereits übersetzt hatte mit zu seiner Frau, ohne Smith eine Kopie zu überlassen. Vermutlich sorgte die Frau von Harris dann für das Verschwinden des Manuskriptes, um beweisen zu können, dass Smith ein Lügner ist. Tatsächlich konnte beziehungsweise wollte Smith den Text nicht noch einmal Wort für Wort von den Tafeln ablesen. Deutlicher könnte der Fall eigentlich nicht sein.

Abschließend möchte ich klarstellen, dass Verallgemeinerungen bezüglich Religionen nicht zulässig sind und ich dies in diesem Kapitel und auch an anderen Stellen dieses Buches nur der Einfachheit halber gemacht habe. Alleine im Christentum gibt es dutzende kleinere und größere Konfessionen, wie z.B. Protestanten, Katholiken und Orthodoxe. Auch bei den Muslimen, Hindus, Buddhisten, Juden und zahlreichen anderen Religionen gibt es Unterschiede in der Auslegung der jeweiligen heiligen Texte. Außerdem möchte ich klarstellen, dass meine Kritik auf die Kirchenführung und einige verirrte Gläubige der jeweiligen Zeiten abzielt – das gilt für das gesamte Buch – und keineswegs auf die überwältigende Mehrheit der Gläubigen, die zumeist friedlich und tolerant leben. Des Weiteren habe ich bestimmte Religionen und/oder Kirchen nur als Beispiele genannt, weil man leider in der heutigen Zeit nicht jede Religion und/oder Kirche gefahrlos kritisieren kann.

Kinder von Charles Darwin

Nutzen von Naturwissenschaften

Was können Naturwissenschaften leisten?

Die klassischen Naturwissenschaften sind Physik, Biologie, Chemie, Mathematik und Astronomie. Eine jede dieser fünf großen Naturwissenschaften hat bisher sehr viel für die Menschheit getan und es ist zu vermuten, dass auch in Zukunft Naturwissenschaftler Theorien entwickeln werden, welche die Menschheit voranbringen werden.

Die Physik hat z.B. eine Vielzahl von Regeln geliefert, mit deren Hilfe Maschinen entwickelt werden konnten, die aus der heutigen Zeit nicht mehr wegzudenken sind. Man denke z.B. an das Auftriebsprinzip mit dessen Hilfe Flugzeuge fliegen können oder an die Feststellung, dass Körper mit dem gleichen Luftwiderstand, unabhängig von ihrem Gewicht gleich schnell zu Boden fallen.

Die Biologie hat uns von der vermeintlichen Entstehung der Arten berichtet. Sie hat einen großen Teil der Tierwelt katalogisiert und hat viele unbeantwortete Menschheitsfragen zumindest zum Teil beantwortet. Moderne Biologen liefern Ideen für alternative Energiegewinnungsmethoden, wie z.B.

Energie durch Biomasse oder Biodiesel. Durch biologische Forschungen werden Impfstoffe und Antiseren entwickelt.

In der Chemie wurden neue Stoffe entwickelt ohne welche die moderne Welt nicht funktionieren würde. Das Periodensystem der Elemente wurde entwickelt, auf dessen Basis eine Vielzahl von chemischen Forschungen betrieben worden ist. Durch die genaue Beobachtung von chemischen Reaktionen werden neue Stoffe und Medikamente entwickelt.

Die Mathematik ist die Grundlage für die meisten Prozesse in der modernen Gesellschaft, wenn man z.B. an alle digitalisierten Bereiche des Lebens denkt. Ohne Mathematik gäbe es kein Internet und keine moderne Forschung. Alle anderen Naturwissenschaften und der Großteil der sonstigen Bereiche des menschlichen Lebens lassen sich in irgendeine Beziehung mit der Mathematik setzen.

Die Grundlage für neue Lebensräume für Menschen ist unter anderem die Astronomie. Wie früher die Menschen die Welt bereist und entdeckt haben, so möchte der moderne Mensch das Weltall bereisen und entdecken. Das Weltall bietet außerdem auch den Menschen auf der Erde neue Möglichkeiten, z.B. in der Energiegewinnung. Ohne astronomische Forschungen würden wir noch heute glauben, dass das Weltall ein Sternenzelt ist.

Das Hauptproblem bezüglich der Naturwissenschaften liegt nicht in den Naturwissenschaften selbst, sondern im widersprüchlichen Denken der Menschen. Viele denken, dass die Existenz Gottes z.B. durch die Darwinistische Evolutionstheorie ausgeschlossen werden kann. Mal ganz ab davon, dass auch Charles Darwin einen Widerspruch zwischen klassischer Evolution und kultureller Menschenentwicklung gesehen hat, erschließt sich mir nicht, warum sich Naturwissenschaften und Theologie klassischerweise als Gegensätze gegenüberstehen. Und wenn sie sich schon gegenüberstehen müssen, dann sollte hier der alte Ausspruch des Volksmundes gelten, dass Gegensätze sich anziehen.

Eine besonders perfide Entwicklung dieses widersprüchlichen Denkens lässt sich in der Bewegung des Kreationismuses wiederfinden. Diese erzkonservative christliche Bewegung glaubt in vollem Umfang an die Richtigkeit des Buches Genesis und an ein intelligentes Design, genauer einen Gott, der das Leben auf der Erde erschaffen haben soll. Besonders im späten 20. Jahrhundert spitzte sich die Auseinandersetzung von den Verfechtern des Kreationismuses und den Anhängern der Darwinistischen Evolutionstheorie zu. Ein amerikanischer Professor veröffentlichte das Buch *Darwin im Kreuzverhör*, in welchem Darwin quasi auf der Anklagebank sitzt. In der amerikanischen Kleinstadt Dover wollte die Schulbehörde sogar das Unterrichten von evolutionärer Biologie verbieten.

Fakt ist, dass beide Parteien nicht dazu in der Lage sind, ihre Theorien vollends zu beweisen, wobei die Darwinisten deutlich eher dazu in der Lage sind, ihre Behauptungen zu untermauern. Fehlerhaft in der Evolutionstheorie ist vor allem eines: es fehlt ein Beweis, welcher aufzeigt, wie Leben überhaupt auf der Erde entstehen konnte. Ähnlich wie bei der unvollständigen Urknalltheorie schaffen die Wissenschaftler keine Beweisfindung für einen Beginn der Abläufe, wie sie in ihren Theorien geschildert werden. Die Kreationisten wiederum benutzen nur das Buch Genesis als Beweisquelle, das aller Wahrscheinlichkeit nach weder historisch, noch sachlich korrekt ist. Feststeht allerdings, dass kreationistische Theorien nichts im Schulunterricht verloren haben, weil dies gegen die Verfassung eines jeden demokratisch-modernen Staates verstoßen würde. Keine der beiden Gruppen wird dazu in der Lage sein, der jeweils anderen Gruppe einen endgültigen Beweis liefern zu können. Jeder sollte glauben dürfen, was er oder sie möchte. Dennoch sollten in Schulen nur Dinge unterrichtet werden, die sehr wahrscheinlich wahr sind.

Das, was Naturwissenschaften nicht leisten können, sind spirituelle Führung und Glaube – zwei der fundamentalsten Werte der Menschheitsgeschichte. An dieser Stelle führen neonaturwissenschaftliche Theoretiker gerne an, dass Kirchen mindestens genauso viel Leid verursacht haben, wie sie den Menschen Trost gespendet haben. Wie ich bereits erwähnt habe, muss man Glaube/Religion von organisierten Religionen (Kirchen) unterscheiden. Trotzdem möchte ich festhalten, dass auch die Naturwissenschaften Dinge entwickelt haben, die für den Tod von vielen Millionen Menschen verantwortlich sind, und, die unsere Welt noch heute negativ beeinflussen. Ich denke hier z.B. an die Atombombe, das Schießpulver, künstliche Virenstämme als biologische Waffen, antihippokratische medizinische Methoden oder Raketen, die Sprengköpfe transportieren.

Man sollte also a) aufhören in Widersprüchen zu denken und b) mit Schuldzuweisungen aufhören. Es kann sehr wohl den Glauben an das Göttliche geben, ohne, dass Naturwissenschaften deswegen ad absurdum geführt werden würden – Gleiches gilt im Umkehrschluss.

Außerdem sollten Naturwissenschaftler lernen, dass es Dinge gibt, die außerhalb der menschlichen Reichweite liegen und auch immer liegen werden. Wir sind in unserem Wissen und in unserer Auffassungsgabe beschränkt. Des Weiteren gilt, dass z.B. nicht alle Christen an die Schilderungen glauben, die in der Bibel stehen. Ich bin z.B. agnostischer Christ und glaube, bis auf wenige Ausnahmen, an nichts, was in der Bibel steht, weil ich um die historische Falschheit der Bibel weiß beziehungsweise zu wissen glaube.

Auf der anderen Seite sollten Religionen lernen, dass ihnen die meisten Naturwissenschaftler gar nichts Böses wollen. Es geht ihnen zumeist lediglich um Forschung und die Entdeckung neuer Erkenntnisse.

Es gilt also auch in der Beziehung von Religionen und Naturwissenschaften, was schon seit langer Zeit gepredigt wird: leben und leben lassen.

Vom Kriege

Warum muss es Krieg geben?

Vom Kriege lautet der Titel des wohl bedeutendsten Werkes, das sich je mit Militärtheorie befasst hat. Es stammt von dem berühmten preußischen Offizier und Militärtheoretiker Carl von Clausewitz, der sein Werk leider nicht vollenden konnte. *Vom Kriege* wurde posthum veröffentlicht und gilt noch heute als eines der wichtigsten Standardwerke in Militärschulen.

Der bekannteste Satz aus dem Buch lautet „der Krieg ist nichts weiter, als die Fortsetzung der Politik mit anderen Mitteln". Was genau von Clausewitz damit sagen wollte, kann man unterschiedlich interpretieren. Er könnte einerseits gemeint haben, dass der Krieg das letzte Mittel der Politik zur Durchsetzung von Interessen ist. Anderseits könnte er sich bei der Ausformulierung des Satzes gedacht haben, dass der Krieg, ebenso wie die Politik, unvermeidbar ist. Es gibt sicherlich noch viele weitere Interpretationsansätze, aber ich möchte mich mit dem zweiten von mir genannten beschäftigen.

Seitdem es Staaten gibt, die – unter anderem durch Handel – miteinander agieren und in einer Beziehung stehen, gibt es auch Diplomatie und somit Außenpolitik. Die Theorie von

Carl von Clausewitz ist meiner Ansicht nach so zu deuten, dass sie sich in erster Linie auf die außenpolitischen Beziehungen von Staaten bezieht. Diese Idee muss aber auch auf innenpolitische Fragen ausgeweitet werden, denn die Geschichte zeigt, dass es auch nationale Revolutionen und Bürgerkriege gibt.

Geht man davon aus, dass Staaten, die miteinander interagieren, auch über ein gewisses Maß an politischen Strukturen verfügen müssen, um eine reibungslose Diplomatie gewährleisten zu können, dann kann man weiter davon ausgehen, dass gescheiterte diplomatische Bemühungen zu Gewaltausbrüchen führen können.

Die Geschichte kennt diesbezüglich zahlreiche Beispiele, beginnend in der Antike mit dem sagenhaften trojanischen Krieg, über Kriege zwischen europäischen Großmächten, wie z.B. den Deutsch-Französischen Krieg von 1870/71. Da Diplomatie, also ein Instrument der Politik, versagt, kommt es in aller Regel zu kriegerischen Auseinandersetzungen – sei es zwischen Staaten, Kirchen, Parteien oder anderen Organisationen.

Der Fehler in der menschlichen Denke, dass Kriege stets mit körperlicher Gewalt zutun haben müssen, zeigt, dass wir die Tragweite von politischen Entscheidungen noch nicht ganz begriffen zu haben scheinen. Wirtschaftliche Sanktionen oder Blockaden sind z.B. genauso kriegerische Akte, wie der klassische Krieg.

Folglich kann man davon ausgehen, dass der Ausspruch „der Krieg ist nichts weiter, als die Fortsetzung der Politik mit anderen Mitteln“ durchaus als richtig zu werten ist. Ob von Clausewitz die Ganzheitlichkeit seiner These erkannt hat oder nicht, spielt hierbei keine Rolle. Menschen suchen immer nach Druckmitteln, um die eigenen Interessen durchzusetzen und spätestens seit der Erfindung von Waffen und der Einführung von Soldaten als Staatsinstrument, ist eines dieser Mittel der Krieg.

Interessant ist, dass kriegerisches Handeln, auch, wenn es damals wohl noch kein politisches Instrument war, ein fundamentaler Teil des menschlichen Charakters ist. So starben die Neandertaler vermutlich nicht aus, weil sie aufgrund der klassischen Evolutionstheorie durch eine natürliche Selektion ausgemustert worden sind, sondern, weil sie aktiv vom homo sapiens verfolgt und ausgerottet worden sind.

Die ersten Worte zwischen Neandertalern und ihren biologischen Nachkommen, den homo sapiens, waren also nicht freundlich und von Neugier getrieben, sondern vermutlich misstrauisch und argwöhnisch. Schließlich vertrieb der homo sapiens die Neandertaler neusten Studien nach zu urteilen wohl bis an die Küste des heutigen Portugals, wo die Neandertaler vollends verschwanden. Dies ist das erste Mal gewesen, dass eine Art eine andere Art aktiv ausgerottet hat.

Sollte aber der moderne Mensch, der homo sapiens sapiens, nicht aus den Fehlern seiner Vorfahren gelernt haben? Sollten wir uns nicht zuletzt durch unsere kulturelle Evolution zu besseren Menschen weiterentwickelt haben, als es unsere Vorfahren waren?

Auch im Kleinen können wir tagtäglich sehen, wie Menschen ihre Konflikte austragen. Gerade in weniger kultivierten und gebildeten Sozialschichten kann man ganz gut beobachten, wie Menschen in Streitsituationen ihren ursprünglichsten Instinkten folgen. An dieser Stelle möchte ich zur Verdeutlichung dieser These ein fiktives Streitgespräch beschreiben.

Person A:
Gregor, 42 Jahre alt, Lagerist.

Person B:
Marina, 39 Jahre alt, Hausfrau.

Beide Personen haben zusammen fünf Kinder, welche zwischen vier und zweiundzwanzig Jahren alt sind.

Marina: „Was macht ihr denn schon wieder? Wir wollen essen."
Gregor: „Wir spielen noch kurz das Spiel zu Ende, dann kommen wir."
Marina: „Gleich nutzt mir aber nichts. Wir wollen jetzt essen."
Gregor: „Wir kommen doch! Lass uns noch das Spiel zu Ende machen."
Marina: „Dann ist das Essen kalt."
Gregor: „In fünf Minuten wird das Essen schon nicht kalt werden."
Marina: „Doch, ich warte doch schon fünf Minuten."
Gregor: „Willst du mich nerven? Je mehr du nervst, desto länger musst du warten."

Marina: „Ich nerve? Wer hockt denn den ganzen Tag auf der Couch rum und macht nichts außer zu spielen?"
Gregor: „Ich arbeite. Du machst doch nur das bisschen Haushalt."
Marina: „Toll, im Gabelstapler herumfahren kann ich auch."
Gregor: „Dann mach doch, das Geld können wir gut gebrauchen."
Marina: „Mach ich aber nicht, irgendwer muss die Kinder ja erziehen, wenn du das nicht kannst."
Gregor: „Jetzt geh weg und nerv mich nicht."
Marina: „Ich geh ja, wenn du essen kommst."
Gregor: „Geh!"
Marina: „Was sollen bloß die Kinder von dir denken, wenn du hier so rumbrüllst?"
Gregor: „Jetzt hör mal zu, geh weg oder es knallt."

So oder so ähnlich laufen Streitgespräche häufig ab. Der Streit beginnt ganz einfach: Zwei oder mehr Parteien haben unterschiedliche Ansichten bezüglich eines Themas. Daraufhin erklären alle Parteien ihre Meinungen. Es folgt eine Phase, in welcher Partei A versucht, die anderen Parteien von Ansicht A zu überzeugen. Wird keine Einigung erzielt, dann konzentriert man sich auf generellere Streitthemen, die vermutlich schon dutzendfach ergebnislos diskutiert worden sind. Der Streit steigert sich daraufhin, bis eine der Parteien mit Sanktionen droht.

Auch in der Politik lassen sich derartige Streitereien verfolgen. Ein gutes Beispiel sind die Sitzungen der Vereinten Nationen, vor allem, wenn es um Sanktionen für ein Land geht, das zwar z.B. gegen die Menschenrechte verstößt, gleichzeitig aber wirtschaftlich und/oder militärisch sehr stark ist. Bestehen dann auch noch Bündnisse zwischen diesem Land und anderen Ländern, die Mitglieder der UN sind, dann ergibt sich ganz schnell ein Pulverfass. Man denke hier z.B. an den Skandal, als Chruschtschow mit einem Schuh auf das Pult geschlagen hat, an welchem er gerade eine Rede hielt. Ein gutes deutsch-nationales Beispiel ist Joschka Fischer, der einmal den Bundestagspräsidenten als „Arschloch" bezeichnet hat.

Man sieht, dass auch vermeintlich gebildete Menschen nicht dazu in der Lage sind, die menschlichen Urinstinkte zu besiegen. Menschen rasten manchmal einfach aus, wenn sie sich unfair behandelt oder übergangen fühlen. Geschieht das aber auf einer politischen Bühne, auf welcher häufig sehr mächtige Menschen sitzen, dann kann das ganz schnell klassisch-kriegerische Auswüchse annehmen.

Idi Amin, der in den 1970er Jahren ugandischer Diktator gewesen war, war z.B. berüchtigt für seine cholerischen Anfälle. Dies gipfelte unter anderem z.B. in der Ausweisung aller asiatisch-stämmigen Menschen aus Uganda oder in Tötungsbefehlen, denen schlussendlich Hunderttausende zum Opfer gefallen sind.

Wenn man nach gescheiterten diplomatischen Bemühungen suchen möchte, die zu einem Krieg geführt haben, dann muss man gar nicht sehr weit in die Vergangenheit reisen. In den 80er Jahren des letzten Jahrhunderts stritten sich Argentinien und Großbritannien um die eigentlich bedeutungslosen Falklandinseln im Südatlantik. Die strategische Bedeutung, wegen derer die Falklandinseln ursprünglich zur britischen Kronkolonie gemacht worden waren, war Anfang der

1980er Jahre de facto kaum noch vorhanden. Dennoch verweigerte Großbritannien Argentinien die Falklandinseln. Argentinien sah sich als Nachfolger der Spanier in dieser Region und wollte, als somit vorherrschende Nation in diesem Gebiet, die Falklandinseln für sich. Schließlich scheiterten die diplomatischen Bemühungen beider Länder und auch das Eingreifen der UN und Argentinien besetzte Falkland. Wie zu erwarten war eroberte Großbritannien die Falklandinseln zurück. Viele Menschen sind bei diesem völlig sinnlosen Konflikt gestorben, nur weil sich die beiden Länder so ähnlich verhalten haben, wie Gregor und Marina aus meinem Beispiel.

Auch in der aktuellen Politik gibt es mehrere Beispiele, welche man an dieser Stelle anführen könnte. Der Halo, welcher alle anderen Beispiele mit seinem (dunklen) Licht überstrahlt, ist der Staat Israel. Israel erbricht jedes Jahr zahlreiche neue Siedlungsprojekte in ein Gebiet, welches nicht zum israelischen Staatsgebiet, sondern zur autonomen, palästinensischen Zone gehört. Es ist wenig verwunderlich, dass die Palästinenser, die im Übrigen auch von Israel in die Staatenlosigkeit gedrängt worden sind, sich dagegen zur Wehr setzen. Hinzu kommt, dass Israel z.B. durch den Abwurf von Phosphorbomben auf dicht besiedeltem, palästinensischem Gebiet gegen Richtlinien der UN verstoßen hat. Liegt es an der wirtschaftlichen Macht Israels oder an der Geschichte der Juden, dass gegen derartige Aktionen nichts unternommen wird? So traurig die Geschichte der Juden auch sein mag und so verwerflich die Dinge auch sind, die man den Juden über Jahrhunderte angetan hat – sie sind keine Rechtfertigung für unmoralisches Handeln.

„Der Krieg ist nichts weiter, als die Fortsetzung der Politik mit anderen Mitteln". Ich möchte den Satz nicht so stehen lassen, weil er sich nicht mit meiner Auffassung von moderner Politik verträgt. Ich denke, dass wir Menschen, spätestens aufgrund der internationalen demokratischen Entwicklung Mitte des 20. Jahrhunderts und der Entwicklung der Menschenrechte, zu mehr in der Lage sein sollten, als mit kriegerischen Mitteln Politik zu machen.

Krieg sollte nicht nur dem ultima-ratio-Prinzip folgen, sondern er sollte langfristig nur in den seltensten Fällen von schlimmerer Unmoral, als der Krieg unmoralisch ist, als Mittel zur Wiederherstellung des Friedens eingesetzt werden.

Deswegen gilt meiner Meinung nach der folgende, von mir entwickelte Satz (mit einigen wenigen Ausnahmen):
Krieg ist die Fortsetzung einer gescheiterten Politik, unter Anwendung unmoralischer Mittel.

Selbstverständlich gibt es wie gesagt Ausnahmen von diesem Grundsatz, wie z.B. die Befreiung Europas von den Nationalsozialisten durch die Westalliierten oder auch die Unterstützung der Südkoreaner vonseiten der Vereinigten Staaten von Amerika während des Koreakrieges.

Spätestens seit der Erfindung von Atomwaffen sollten wir Menschen doch eigentlich erkannt haben, wohin uns der Krieg schlussendlich bringen wird. Wir sollten also versuchen unsere Urinstinkte soweit zu unterdrücken, als dass der klassische Krieg – keineswegs ein Krieg durch Sanktionen – kein Mittel zum Zweck mehr sein darf.

In Erwartung, dass der Mensch schlussendlich nicht aus seinen Fehlern lernen wird, möchte ich dieses Kapitel mit einer von mir umformulierten Aussage von Albert Einstein abschließen:
Ich weiß nicht, mit welchen Waffen wir im dritten Weltkrieg kämpfen werden, aber im vierten Weltkrieg werden wir mit Stöcken und Steinen kämpfen.

Die Nebenkapitel

Mörderisches Treiben

Was ist Mord?

Schon früh in der Geschichte der menschlichen Zivilisierung haben sich bestimmte Regeln und Gesetze herauskristallisiert, die für ein relativ reibungsfreies Zusammenleben stehen. Zu diesen Regeln gehören unter anderem, dass es falsch ist zu lügen, zu stehlen oder jemand anderes vorsätzlich zu verletzen. Eine der fundamentalsten dieser Regeln ist die Regel, dass kein Mensch einen anderen Menschen töten darf. Gemeinhin wird eine solche Handlung mit dem Begriff „Mord“ umschrieben, was allerdings, nicht nur in der deutschen Rechtssprechung, nicht ganz korrekt ist. Es existieren nämlich verschiedene Varianten von Tötungshandlungen, wie z.B. Totschlag oder Tötung in Notwehr.

Was ist nun also Mord? Gemäß Wörterbuch ist Mord:
„Die absichtliche Tötung eines Menschen, [...] Bluttat.“
Ferner kann man den Tatbestand des Mordes in unterschiedliche Kategorien einteilen, wie z.B. Lust- und Raubmord, also kann man eine weitere Unterteilung je nach Tatmotiv vornehmen.

In Deutschland und vielen anderen westlichen Ländern beschreibt man in der Gesetzgebung den Mord, als das absichtliche Töten eines Menschen aus niederen Beweggründen heraus. Niedere Beweggründe sind hier z.B. Eifersucht, Habgier oder, dass man das Opfer mundtot machen wollte. Mord gilt gemeinhin auch als das schlimmste Verbrechen, das ein Mensch verüben kann, weswegen Mörder in den meisten Ländern härter bestraft werden, als andere Straftäter. In vielen aufgeklärten Industriestaaten, wie z.B. in einigen Bundesstaaten der USA oder auch Japan, werden Mörder sogar zum Tode verurteilt. Man könnte an dieser Stelle anführen, dass eine solche Tötungshandlung nichts anderes als Mord ist, weil es die absichtliche Tötung eines Menschen aus einem niederen Beweggrund (Rache) heraus ist, aber darauf möchte ich an dieser Stelle nicht weiter eingehen.

Interessant ist, dass das absichtliche Töten von Menschen unter besonderen Umständen scheinbar kein Mord ist. Offensichtlich ist, dass eine Tötung aufgrund von Notwehr nicht zu verurteilen ist, weil ein Mensch das Recht haben muss, sein eigenes Leben und die Leben anderen Menschen zu schützen. Aber warum gilt die absichtliche Tötung von Menschen in Kriegen z.B. nicht als Mord? Interessant wird diese Fragestellung vor allem dann, wenn Kriege aus niederen Beweggründen heraus ausgefochten werden, wenn also Kriege z.B. aufgrund von wirtschaftlichen Interessen (Habgier) geführt werden. Gerade im ausgehenden zwanzigsten Jahrhundert und kurz nach der letzten (christlichen) Jahrtausendwende, wurden einige Kriege aus dem primären Grund der Erschließung von Ölquellen heraus begonnen.

Eine weitere Unterscheidung zwischen verschiedenen Mordkategorien wird vorgenommen, wenn Mord in einem großen Maßstab stattfindet und sich gezielt gegen bestimmte ethnische Gruppierungen richtet. Diesen Tatbestand nennt man Völkermord und derartige Mörder werden erst seit relativ kurzer Zeit international verfolgt. Vor allem die Nürnberger Prozesse an den Hauptkriegsverbrechern des zweiten Weltkrieges und die Prozesse gegen die japanischen Kriegsverbrecher dieser Zeit, waren ein Meilenstein im modernen Rechtsverständnis.

Auffallend ist allerdings, dass Kriegsverbrecher in aller Regel nur dann verfolgt werden, wenn sie den Krieg verloren haben, an welchem sie teilgenommen haben. So standen z.B. Josef Stalin und Mao Zedong nie als Angeklagte vor einem internationalen Gericht. Im Gegenteil, in den Nürnberger Prozessen saßen sogar zwei sowjetische Generäle als Beisitzer, damit Stalin sicher sein konnte, dass vor dem Gericht keine Gräueltaten von Seiten der Roten Armee erwähnt wurden. Einer der größten Meilensteine der internationalen Justiz war also auch gleichzeitig einer der größten Rückschritte in der Verfolgung von Massenmördern.

Es ist also nicht nur wichtig, die Definition des Wortes „Mord" zu überdenken, sondern man muss vor allem konsequenter in der Verfolgung von Mördern sein und man muss sich einen neuen Strafkatalog zur Bestrafung von Mördern überlegen. Meiner Meinung nach beschreibt das Wort „Mord" Folgendes:
Die vorsätzliche Tötung eines Menschen aufgrund von Gründen, die eine solche Tötungshandlung nicht gerechtfertigt haben. Die Rechtfertigung einer Tötungshandlung liegt in der Regel nur dann vor, wenn sie zum Schutze eines und/oder mehrerer unschuldiger (menschlicher?) Leben erfolgt ist.

Meine Definition des Tatbestandes „Mord“ unterscheidet sich also fundamental von der Definition, wie man sie z.B. im deutschen Recht findet. So unterscheide ich nicht zwischen Totschlag und Mord, weil niedere Beweggründe in der Bewertung einer Tötungshandlung höchstens im Strafmaß, aber nicht in der generellen Feststellung der Tat eine Rolle spielen sollten. Dies begründet sich vor allem dadurch, dass das Tatmotiv nur einen Ausschlag nach oben oder unten in der Tatbewertung geben sollte, aber nicht ein Teil der grundlegenden Bewertung der Tötungshandlung sein sollte, weil eine Tötungshandlung, mit Ausnahme von Notwehr, immer das schlimmste Verbrechen ist, was ein Mensch begehen kann.

Generell würde ich einen Menschen, der einen Mord begangen hat, immer zu einer lebenslangen Freiheitsstrafe verurteilen, wobei „lebenslang“ hier wörtlich zu nehmen ist. Außerdem sollten solche Straftäter mindestens die Kosten, welche für ihre Unterbringung anfallen, im Gefängnis erwirtschaften. Ferner gilt, dass solchen Menschen nur das Minimum an einem menschenwürdigen Lebensstandard zu gewähren ist. Das Privatvermögen solcher Täter sollte dem Staatsvermögen und/oder einem wohltätigen Verein zugeführt werden.

Jedem das Seine

Was ist Gerechtigkeit?

Suum cuique ist der antike Grundsatz der Gerechtigkeit. Keine Definition des Wortes Gerechtigkeit gilt als zutreffender, als der Satz „Jedem das Seine“. Nicht nur in der Rechtslehre, sondern auch in philosophischen Bewegungen und Ideen spielt diese Gerechtigkeitsdefinition eine nicht unerhebliche Rolle.

Aber was ist Gerechtigkeit? Das Wörterbuch weiß dazu Folgendes zu berichten:
Das, was gerecht ist, ist *„dem Gesetz entsprechend“*, *„verdient“* und *„richtig, passend und den Regeln entsprechend“*. Das Problem an dieser Definition ist, dass sie sehr dehnbar und individuellen Rechtsempfindungen entsprechend anpassbar ist. Dazu möchte ich folgendes Beispiel anführen:

In den Jahren von 1933 bis 1945 wurde das Deutsche Reich von einer bis dahin beispiellosen, unmoralischen Führung regiert. Den grausigen Höhepunkt der deutschen Unmoral markierte die Einführung von sogenannten Konzentrationslagern, welche den Nationalsozialisten zur industriellen Vernichtung von Juden, politischen Gegner und sogenannten nieder-rassigen Völkern dienten. Eines der größten La-

ger war das KZ Buchenwald.
Die deutsche Führung dieser Zeit entehrte z.B. den ersten Paragraphen der deutschen Verfassung, indem sie Juden als Untermenschen definiert hat und schützende Gesetze und Rechte für Menschen dementsprechend nicht mehr auf die Juden anwendbar waren. Als Konsequenz dieser Geschehnisse missbrauchten die Nationalsozialisten den fundamentalen Grundsatz der Gerechtigkeit, indem sie den Ausspruch „Jedem das Seine“ über das Tor des KZ Buchenwald geschrieben haben.

Gerade in Deutschland gilt „Jedem das Seine“ als vorbelastet, wodurch dieser Ausspruch in Deutschland eher weniger Anwendung findet. Darüber, ob das so richtig oder falsch ist, kann man mit Sicherheit streiten, zumal man in Deutschland endlich einmal ein Maß für den sinnvollen Umgang mit der Vergangenheit finden sollte – die Betonung liegt auf „sinnvoll“.

Es ist also offensichtlich, dass Gerechtigkeit nicht nur durch den Grundsatz „Jedem das Seine“ zu definieren ist, weil dieser Grundsatz für niedere Ziele und Ideologien missbraucht werden kann.

Nicht nur die Definitionen *„dem Gesetz entsprechend“* und *„den Regeln entsprechend“* sind extrem dehnbare Definitionen, sondern auch *„richtig, passend und verdient“*. Wessen Regeln entsprechend? Welche Gesetzgebung gilt als Referenz? Wer definiert, was richtig, passend und verdient ist?

Des Pudels Kern ist also, dass Gerechtigkeit nicht individuell „umdefinierbar“ sein darf. Nicht nur, damit Gerechtigkeit nicht □heological□r ist, sondern vor allem auch, damit eine universelle Gerechtigkeit ein garantiertes Recht sein kann, auf das sich alle Menschen berufen können.

Platon beschreibt Gerechtigkeit als *„wenn man das Seine tut und nicht vielerlei Dinge treibt“*. Cicero sagt, dass Gerechtigkeit *„jedem das Seine zuteilt“*. Prinzipiell sagen diese beiden Definitionen nichts anderes, als das zuvor Erwähnte. Interessanter werden diese beiden Ideen, wenn man sie jeweils um einen Halbsatz erweitert:

1. Gerecht ist, wenn man das Seine tut und nicht vielerlei Dinge treibt, unter der Bedingung, dass das eigene Handeln an eine objektive Moral gebunden ist.
2. Gerecht ist, wenn man jedem das Seine zuteilt, wobei das Seine das ist, was demjenigen anhand einer objektiven Moral zusteht.

Daraus resultierend möchte ich meine eigene Gerechtigkeitsdefinition kundtun, welche zwar meine eigene Definition und somit individuell ist, sich aber auf eine objektive Moral bezieht, die durch einen Massenentscheid von vielen unterschiedlichen Menschen zu definieren ist und somit ihre Individualität verliert:

Gerecht ist das, was jedem das Seine zuteilt und gleichzeitig auf dem Fundament einer objektiven Moral steht. Objektivität ist an dieser Stelle nicht mit „Ultimativität“ zu verwechseln. Diese objektive Moral ist einmalig durch Menschen zu bilden, die bewiesen haben, dass sie ihr Leben entsprechend von Werten gestaltet haben, die in einem Großteil der aufgeklärten Welt als bindet gelten. Einmal definiert ist diese objektive Moral unabänderlich. Sie sollte außerdem z.B. eine Menschendefinition enthalten, welche gemeinhin die biologische Definition des homo sapiens sapiens sein sollte.

Lebe lieber ungewöhnlich

Was ist normal?

Als normal bezeichnet man im Allgemeinen das, was den Normen der überwältigenden Mehrheit entspricht. So findet man in fast allen wichtigen Bereichen der Menschheit Normalwerte, Normen und Richtwerte. Ich möchte an dieser Stelle ein paar Beispiele nennen, inwieweit „normale" Sachverhalte in unserer modernen Gesellschaft eine Rolle spielen.

Beginnen möchte ich mit dem offensichtlichsten Beispiel, nämlich der menschlichen Anatomie. So gelten Menschen als normal, die über vier Gliedmaßen, alle inneren Organe, zwei Ohren, zwei Augen, etc. verfügen. Abweichungen von diesen Normen bezeichnet man z.B. als behinderte Menschen oder auch Menschen mit Handycap. Aber auch den geistigen Fähigkeiten von Menschen ordnen wir bestimmte Normen, wie z.B. ein Mindestmaß an Intelligenz, zu. Die Frage bei solchen Abgrenzungen von „unnormalen" Menschen ist, wo man die Grenze zieht. Gilt ein Mensch mit einem IQ von nur 80 noch als normal? Ab wann gelten Ausreißer nach oben nicht mehr als normal, wenn jemand also z.B. einen IQ von 140 hat? Als behindert gelten solche Menschen in aller Regel nicht, weil sie über bessere kognitive Fähigkeiten verfügen, als die Mehrheit. Außerdem stellt sich die Frage, ob die Individualität von Menschen nicht eine Generalisierung von Menschennormen ausschließt. Ist bei der menschlichen Anatomie also eine Verallgemeinerung durch z.B. Analogieschluss zulässig? Des Weiteren stellt sich langfristig die Frage, ab wann evolutionäre Veränderungen zur neuen Norm werden.

Der nächste große Bereich, in welchem es Normen gibt, ist die Gesellschaft, unterteilt in Regionen, weil z.B. in fernöstlichen Kulturen andere Dinge als normal gelten, als z.B. in mitteleuropäischen Kulturen. Da ich Mitteleuropäer bin, möchte ich meine Ausführungen an dieser Stelle auf Zentraleuropa beschränken. Außerdem gehe ich davon aus, dass mitteleuropäische Demokratien, nicht zuletzt durch die Europaisierung der Einzelstaaten, über ähnliche Normen verfügen. Eine solche Norm habe ich bereits genannt, nämlich ein demokratisches Staatsprinzip, unabhängig von kleinen Abweichungen in der Umsetzung der Demokratie. Außerdem verfügen alle diese Staaten über marktwirtschaftliche Strukturen und alle zentraleuropäischen Staaten der EU haben weitgehend die Menschenrechte anerkannt und in ihrer jeweiligen Gesetzgebung auf die eine oder andere Weise verankert. An dieser Stelle komme ich gleich zur nächsten Norm, nämlich einer Gesetzgebung. Alle Staaten in Mitteleuropa haben Gesetze eingeführt, welche dafür sorgen sollen, dass die jeweiligen Bevölkerungen in Frieden leben können. Aber auch weniger offensichtliche Normen existieren, wie z.B. das Vorhandensein einer Nationalflagge und -hymne.

Es wurden in einigen Ländern sogar Überwachungsinstitutionen gegründet, die Normen definieren und überwachen sollen. So kennt man in Deutschland z.B. gerade bei Papierformaten die sogenannten DIN-Größen, wie z.B. DIN A4 und DIN A5. Die Deutschen Industrie-Normen (DIN), im Volksmund auch als „Das ist Norm“ bekannt, existieren aber nicht nur bei Papierformaten, sondern bei vielerlei Dingen, wie z.B. bei wirtschaftlichen und wissenschaftlichen Verfahren.

Auch in wichtigen politischen Bereichen existieren Normen, wie z.B. der Bildung oder der Gesundheitsversorgung. In Deutschland gibt es z.B. seit Kurzem das sogenannte Zentralabitur, welches eine erhöhte Chancengleichheit bei allen Schülern garantieren soll. Ebenso existieren in Deutschland, neben einigen weniger relevanten Schulen, vor allem vier große Schulsysteme, nämlich Haupt-, Real-, Gesamtschulen und Gymnasien. Aber auch diese recht einfachen Normen sollen noch weiter vereinfacht werden, indem man versucht Einheitsschulen zu bilden. Im Gesundheitswesen gibt es z.B. Normen bei der Entwicklung und Einführung von Medikamente, bei der Therapie von bestimmten Erkrankungen, bei der Diagnose von Krankheiten und nicht zuletzt bei der finanziellen Abwicklung von der flächendeckenden, gesundheitlichen Versorgung der Bevölkerung.

Auch gelten bestimmte moralische Werte als normal, wie z.B. eine gewisse soziale Verantwortung von jedem Bürger gegenüber der Allgemeinheit.

Gerade in Europa übertreibt man es an der einen oder anderen Stelle mit der Einführung von Normen, so hatte man kurzzeitig z.B. festgelegt, welche Form Bananen haben müssen. Selbst die maximal erlaubte Lautstärke von Rasenmähern ist in der EU genau geregelt. Normen beschreiben also nicht nur das, was normal ist, sondern sie bilden auch, auf Basis der vermeintlichen Normalität, Regeln.

Ebenso gibt es Bewegungen, die sich für die Durchsetzung des Prinzips des genormten Menschen einsetzen. Nicht zu verwechseln sind solche Ansätze mit einer vermeintlichen Elitarisierung, wie sie z.B. unter den Nazis stattgefunden hat. Es handelt sich vielmehr darum, ähnlich den Musterungsstufen bei der Bundeswehr, körperliche (oder auch geistige) Normen für Menschen festzulegen. Dies hätte unbestreitbar den Vorteil, dass z.B. Produktpaletten zusammenschrumpfen würden und sich somit die Gewinnspannen von Unternehmen erhöhen könnten, weil der Absatz gleich bleiben würde und die erhöhten Produktions- und Entwicklungskosten für die Anfertigung von Produkten für z.B. verschieden große Menschen wegfallen würden.

Aber was ist nun eigentlich normal? Ist wirklich das normal, was den Normen der überwältigenden Mehrheit entspricht, oder, wie es das Wörterbuch sagt, das, was *„regelmäßig, regelrecht, gewöhnlich, üblich und landläufig"* ist? Wie es bei Wortbeschreibungen in Wörterbüchern so ist, ist auch die Beschreibung des Wortes „normal" sehr schwammig. Auch die im Wörterbuch genannten Worte zur Beschreibung des Wortes „normal" sind weder objektiv explizit definiert, noch genauer beschrieben worden.

Ich denke, dass man mit dem Begriff „normal" sehr vorsichtig umgehen sollte, vor allem, weil „normal" häufig mit „geistig gesund" verwechselt wird. Wieder einmal zeigt das Beispiel des Dritten Reiches, dass vermeintliche Normen häufig dafür sorgen, dass z.B. Menschen, die nicht diesen Normen entsprechen, als minderwertig gelten – und unnormal bedeutet mitnichten minderwertig. Meiner Meinung nach bedeutet das Wort „normal", dass etwas z.B. einer Trendexploration der absoluten Mehrheit zufolge auf lange Sicht zu erwarten ist. So können Normen sich in ihrer Skalierung, aber nicht in ihrer Kernaussage verändern. Dass Normen z.B. aufgrund der Referenzbildung und der Sicherheit unumgänglich sind, steht unbestreitbar fest.

Es gilt, dass Normen darauf geprüft werden müssen, ob sie sinnvoll und moralisch vertretbar sind. Inwiefern man mit dem Begriff „Moral" umzugehen hat, habe ich in diesem Buch bereits häufig genug erwähnt. Außerdem müssen die Phänomene, mit welchen man Normen messen und festlegen möchte, zuverlässig, objektiv und gültig sein. Dies gilt auch für die Indikatoren zur Normmessung und für die Skalierung, mit welcher man Normen messen möchte.

So nicht!

Warum es Widerstände gibt

15.11.1907, Schloss Jettingen bei Günzburg. An diesem Datum wurde ein Mensch geboren, der in Deutschland wie kaum ein anderer für den Widerstand gegen das Unrecht steht. Claus Schenk Graf von Stauffenberg wird in den deutschen Adel geboren und ihm stehen somit einige Türen in der deutschen Militärhierarchie offen. Nach dem Ausbruch des zweiten Weltkrieges im Jahre 1939 steigt von Stauffenberg schnell in den Rängen der deutschen Armee auf. Schließlich ist er in den Jahren von 1940 bis 1943 zu einem Mitglied der Organisationsabteilung des Generalstabs des Heeres aufgestiegen. Bei einem Einsatz in Nordafrika wird er schwer verwundet, was als der Wendepunkt in seinem Leben gilt. Fortan sieht er sich dazu berufen, dem unrechtmäßigen Krieg Adolf Hitlers ein Ende zu setzen.

Ab dem Jahr 1944 wird er als Oberst zum Stabschef beim Oberbefehlshaber des Ersatzheeres, wodurch er Zugang zu Hitlers Hauptquartier bei Rastenburg erhält. Sein im Jahre 1905 geborener Bruder Berthold Schenk Graf von Stauffenberg, der seit 1939 Völkerrechtsberater bei der Seekriegsleitung ist, hilft ihm bei der Planung und Durchführung eines Bombenattentats auf Adolf Hitler. Auch viele andere deutsche Offiziere beteiligen sich direkt oder indirekt an den

Attentatsvorbereitungen. Im Anschluss an das Attentat wollen die Widerstandskämpfer mit dem Notfallplan Walküre die Macht an sich reißen.

Am 20.07.1944 führt Claus Schenk Graf von Stauffenberg schließlich das Attentat durch, bei welchem Adolf Hitler allerdings nur leicht verletzt wird. Im Laufe des Tages erkennen die Widerständler ihr Scheitern und versuchen teilweise trotzdem einen Machtwechsel durchzusetzen. Schließlich scheitern auch diese Bemühungen und ein Großteil der Widerstandskämpfer wird noch am 20. Juli 1944 hingerichtet, darunter auch Claus Schenk Graf von Stauffenberg, welcher in Berlin standrechtlich erschossen wird. Sein Bruder folgt ihm kurze Zeit später nach, als er am 10.08.1944 in Berlin hingerichtet wird.

Die Gebrüder Stauffenberg haben wohl gezeigt, dass gewaltsamer Widerstand nicht immer der falsche Weg sein muss. Fraglich bleibt allerdings, welche Intension die Brüder wirklich mit dem Attentat auf Hitler verfolgt haben. Es existieren Stimmen, die behaupten, dass die Stauffenbergs einen ähnlichen Weg fortsetzen wollten, wie er von Adolf Hitler begonnen worden war, allerdings ohne die Massenvernichtung von Juden, politischen Gegner, etc. Allerdings waren, so die Kritiker des Stauffenberg-Widerstands, sowohl Claus, als auch Berthold sehr wohl der Meinung, dass eine Elitarisierung der Gesellschaft der richtige Weg sei. Dies begründe sich unter anderem dadurch, dass sie in jungen Jahren die Schüler eines Philosophen gewesen sein sollen, der eben für solche Ideen eingestanden sein soll.

1968, Deutschland. Die sogenannte 68er-Bewegung erhebt

sich gegen die deutsche Politik und das wirtschaftliche System in Deutschland. An vorderster Front kämpfen einige Widerständler, die wenige Jahrzehnte später zur deutschen Spitzenpolitik gehören werden sollten. Ziel dieser Bewegung war unter anderem die Absetzung des vermeintlichen imperialistischen Kapitalismus' und die Zerschlagung der deutschen Regierung, welche zu der Zeit von dem umstrittenen Bundeskanzler Kurt Georg Kiesinger angeführt worden war. Nicht zuletzt wegen dessen undurchsichtiger NS-Vergangenheit und seinem Wunsch nach der Reformierung von Notstandgesetzen, erhoben sich 1968 viele tausend Menschen gegen ihn.

Sinn und Zweck dieser Protestbewegung mag man in gewisser Weise noch nachvollziehen können, allerdings reagierten die Widerständler mit dem Einsatz von völlig unverhältnismäßigen Mitteln. Auch die deutsche Polizei schien mit der Situation völlig überfordert zu sein und griff zu maßloser Gewalt, wo eigentlich kein Einsatz von Gewalt hätte notwendig sein müssen. Beide Seiten schaukelten sich gegenseitig hoch, wobei der eigentliche Grund für die Protestbewegung immer weiter in den Hintergrund rückte.

Ein indirektes Produkt der 68er-Proteste ist die Rote Armee Fraktion (RAF), die sich zum Ziel gesetzt hatte, dem Imperialismus und dem Kapitalismus in der Welt ein Ende zu setzen. Hervorgegangen ist die RAF aus der sogenannten Baader-Meinhof-Gruppe. Gerade die Rolle von Ulrike Meinhof (1934-1976), einer gebildeten Journalistin, bei der Gründung der Baader-Meinhof-Gruppe bleibt bis heute sehr undurchsichtig. Fortan arbeiteten Mitglieder der RAF als linksextreme Terroristen, die nicht nur Bomben legten, sondern auch gezielt Menschen töteten und entführten, die ihrer Meinung nach dem Kapitalismus dienten. Berühmte Opfer des RAF-Terrors sind z.B. H.M. Schleyer, J. Ponto und A. Herrhausen. Nicht nur in Deutschland agierte und trainierte die RAF, sondern auch im Ausland, wo sie sich mit anderen Terrorzellen zusammenschloss, welche ähnliche Ziele wie die RAF verfolgten.

Ich habe gezielt die drei genannten Beispiele für Widerstand gewählt und zwar nicht nur, weil sich alle drei Widerstandsbewegungen primär in Deutschland abgespielt haben. Handelten die von Stauffenbergs noch mit Mitteln, die zu der Zeit und dem Ausmaß der Sache, gegen die sie gekämpft haben, passten, so war die 68er-Bewegung ein zweischneidiges Schwert. Die RAF hingegen war eine zutiefst unmoralische Gruppierungen, die wider der Regeln für ein kultiviertes Zusammenleben handelten. Es gilt, dass der Zweck zwar manchmal, aber mitnichten immer die Mittel heiligt.

Gewaltlose Bewegungen haben, ähnlich wie gewaltsame Widerstände, gezeigt, dass auch sie nicht immer mit den richtigen Mitteln agieren. Allen voran ist hier die Widerstandsbewegung um den indischen Unabhängigkeitskämpfer Mahatma Gandhi zu nennen. Wäre Gandhi z.B. gewaltsam gegen die Unruhen zwischen Hindus und Muslimen nach 1947 vorgegangen, dann hätte man eventuell eine Teilung des Subkontinents und viel Blutvergießen verhindern können.

Widerstand gegen als unrechtmäßig empfundene Umstände ist immer eine gute Sache, solange man maßvoll mit dem Einsatz von Widerstandsmitteln umgeht. Denn überzogene

Härte sorgt dafür, dass auch der Gegenüber mit überzogener Härte reagiert und sich eventuell ein Großteil der Bevölkerung auf die Seite desjenigen stellt, der nicht mit dem Einsatz von Gewalt begonnen hat. Der generelle Verzicht auf Gewalt kann wiederum dafür sorgen, dass ein notweniger Protest sich zu lange hinzieht, wodurch Menschen leiden könnten, und angepeilte Ziele nicht vollends erreicht werden könnten. Außerdem sollte man stets überdenken, ob das eigene Verlangen nicht das Gegenteil von dem bildet, was für die Mehrheit der Menschen gut wäre.

Der Mensch als Richter

Falsche Überlegenheit

Im Jahre 1891 gründete der damalige kalifornische Gouverneur Leland Stanford die weltbekannte Stanford University, die sich nur wenige Kilometer südlich von San Francisco befindet. Im Rahmen der Forschung der medizinischen Fakultät der Hochschule fand im Jahre 1971 ein Experiment statt, welches noch heute als eines der wichtigsten psychologischen Experimente aller Zeit gilt, nämlich das sogenannte Standford-Prison-Experiment. Das Stanford-Prison-Experiment diente unter anderem als Vorlage für den Film *Das Experiment* von 2001, in welchem unter anderem Moritz Bleibtreu mitspielt.

Das Experiment sollte so genau wie möglich die Abläufe in einem Gefängnis simulieren, wobei sowohl die Rollen der Wärter, als auch die Rollen der Häftlinge von Leuten gespielt wurden, die sich aufgrund einer Zeitungsanzeige freiwillig für das Experiment gemeldet hatten. Um einen möglichst realitätsnahen Verlauf des Experimentes zu ermöglichen, verzichteten die zwölf „Häftlinge“ schriftlich auf einen Teil ihrer Grundrechte. Anschließend wurden die „Häftlinge“ von echten Polizisten verhaftet und sie mussten den gleichen Prozess durchlaufen, welchen auch echte Straftäter durchlaufen. Danach wurden sie in den Keller der Stanford

University gebracht, wo sich die Zellen des Experimentes und ein nachgebauter Gefängnistrakt befanden.

Schon von Beginn des Experimentes an wurde deutlich gemacht, dass sich „Wärter“ und „Gefangene“ unterschieden, was unter anderem dadurch dargestellt wurde, dass die „Wärter“ echte Polizeiuniformen und Schlagstöcke trugen, wohingegen die „Gefangenen“ nur ein einfaches Krankenhaushemd tragen durften. Jedem „Gefangenen“ wurde eine Nummer zugeteilt, welche im Rahmen des Experimentes den Namen des jeweiligen „Gefangenen“ ersetzte. Den „Wärtern“ wurde klargemacht, dass sie für die Regeln innerhalb des „Gefängnisses“ verantwortlich seien, und, dass diese Regeln für Ordnung innerhalb der „Gefängnismauern“ zu sorgen hatten.

Schon früh im Verlauf des Experimentes probierten die „Wärter“ die Macht aus, welche sie im Rahmen des Experimentes über die „Häftlinge“ hatten. So wurden die „Gefangenen“ zu jeder Tag- und Nachtzeit aus ihren viel zu engen Zellen geholt, damit sie sich in Reih und Glied aufstellen konnte. So aufgestellt mussten sie den „Wärtern“ ihre Nummern aufzählen. Des Weiteren hatten die „Wärter“ schon sehr früh Strafen festgelegt, die drohen würden, wenn ein „Häftling“ gegen die Regeln verstoßen sollte. Eine sehr beliebte Strafe waren z.B. Liegestütze.

Bereits nach eineinhalb Tagen zeichnete sich ab, dass das Experiment schnell eskalieren könnte. Die „Häftlinge“ entledigten sich von einem Teil ihrer Kleidung und versperrten den „Wärtern“ den Zugang zu ihren Zellen. Als Reaktion auf diesen Regelverstoß hatten die „Wärter“ kaltes Kohlenstoffdioxid aus Feuerlöschern auf die „Häftlinge“ gesprüht und sie nackt und ohne Betten in die Zellen gesperrt. Die „Häftlinge“ durften nur den halben Tag die Toiletten benutzen und die andere Hälfte des Tages mussten sie Eimer benutzen, welche von den „Wärtern“ in die Zellen gestellt worden waren. Der daraus resultierende Geruch verstärkte bei den „Häftlingen“ den Eindruck eines richtigen Gefängnisses.

Der nächste Schritt von Seiten der „Wärter“ war der, dass sie die „Gefangenen“ in zwei Gruppen einteilten. Die erste Gruppe wurde aus „Gefangenen“ gebildet, welche sich nicht an den Protestaktionen beteiligt hatten und die zweite Gruppe bestand aus „Gefangenen“, die aktiv am Aufstand beteiligt gewesen waren. Dadurch wollten die „Wärter“ die Gruppe der „Gefangenen“ aufbrechen und sie wollten so verhindern, dass koordinierte Aktionen von Seiten der „Gefangenen“ stattfinden konnten.

Nur sechs Tage, nachdem man mit dem Experiment begonnen hatte, brach man das Experiment aus vielerlei Gründen ab, vor allem aber, weil einige der „Gefangenen“ extreme psychische Störungen zeigten und einige der „Wärter“ sich im Laufe der sechs Tage zu Sadisten entwickelt hatten.

Ein sehr ähnliches Experiment wurde schon diverse Male in einigen verschiedenen Universitäten durchgeführt. Vermeintliche Autoritätspersonen, nämlich die Leiter des jeweiligen Experimentes, sagten einer Testperson, dass sie einer anderen Person Stromstöße verabreichen würde, wenn die andere Person eine Frage falsch beantworten würde, welche sie vom Leiter gestellt bekommen hatte. Die Stromstöße würden bei jeder falsch beantworteten Frage stärker werden, so die Leiter zur jeweiligen Testperson. Die Person, welcher vermeintlich Stromstöße verabreicht wurden, befand sich hinter einem Sichtschutz vor der jeweiligen Testperson. Die Testpersonen konnten also hören, wie die andere Person vermeintlich gelitten hatte.

Interessant ist, dass nahezu hundert Prozent der Testpersonen keine Probleme damit hatten, der anderen Person elektrische Schocks zu verabreichen. Selbst als die Stromstöße eine Höhe erreicht hatten, bei der die andere Person gestorben wäre, wenn es sich um echte Schocks gehandelt hätte, machten die Testpersonen weiter. Zwar wurde gelegentlich der Leiter gefragt, ob man weiter machen sollte, aber wenn die Autoritätsperson ihr OK gegeben hatte, hatten die Testpersonen in der Regel ihre Bedenken vergessen.

Wir Menschen fühlen uns aber nicht nur gegenüber anderen Menschen überlegen, z.B. aufgrund von ethnischen oder rassischen Merkmalen, sondern auch gegenüber allen anderen Lebensformen auf diesem Planeten. Das hängt vor allem damit zusammen, dass wir uns als die Krönung der evolutionären Schöpfung betrachten. Interessant ist hierbei, dass wir häufig unsere vermeintliche Überlegenheit als Rechtfertigungsgrund betrachten, andere Lebewesen zu quälen oder zu töten. Man denke hierbei z.B. an Tierexperimente.

Prinzipiell könnte man also sagen, dass jeder Mensch, wie moralisch er auch zu leben scheint, auf die eine oder andere Weise ein Hegemon ist. Begründen könnte man das damit, dass Menschen aufgrund ihrer biologischen Entwicklung irgendwann einmal die Notwendigkeit erkannt haben, dass es überlebenswichtig ist, dass man sich notfalls auch gewaltsam gegenüber anderen durchsetzt. So spielte bei den frühen Menschen z.B. die Verteidigung des eigenen Revieres und der eigenen Herde eine Rolle, wobei das heutzutage nicht viel anders ist, wenn man z.B. an Staaten und Völker denkt. Abstellen können wir diese universelle Hegemonie nur, wenn wir erkennen, dass ein friedliches Miteinander eher zum modernen Menschen passt, als ein konkurrierendes Verhalten. Zwar fördert Letzteres den Wettbewerb, aber Ersteres bündelt die Arbeitskräfte von Menschen, was langfristig vorzuziehen ist, weil der Nutzenwert eines solchen Verhaltens einfach höher ist.

Das höchste alle Gefühle

Was ist Liebe?

Jeder Mensch kennt das Gefühl im Frühling, wenn man Schmetterlinge im Bauch hat und einem die Last der Sorgen des Lebens leichter erscheint, als sonst. Man fühlt sich frei um die Brust und alles hat einen wunderbaren Duft nach Blumen. Es verwundert nicht, dass man gerade im Frühling viele verliebte Paare in den Stadtparks oder an den Stränden der deutschen Binnenmeere sehen kann. In der Zeit der Frühlingsblüte sind die Menschen stets netter zueinander, als zu anderen Jahreszeiten.

Der primäre Grund für die im Frühling empfundene Leichtigkeit liegt darin, dass das Gehirn in dieser Zeit vermehrt Glückshormone ausschüttet, um z.B. den Fortpflanzungstrieb der Menschen (und auch anderer Tiere) anzuregen. Das, was wir im Frühling als die sogenannten Frühlingsgefühle empfinden ist also nichts weiter, als ein simpler biochemischer Prozess im Gehirn. Es ist auch möglich, dass im Rahmen dieser Hormonausschüttung neue Synapsen im Gehirn gebildet werden, die für eine Verknüpfung der hormonbedingten Emotionen mit der Jahreszeit des Frühlings sorgen. Dadurch wird durch Mutter Natur sichergestellt, dass sich Menschen zu einer Zeit fortpflanzen, in welcher es genug Nährstoffe gibt, um den Nachwuchs ernähren zu können.

Aber was unterscheidet den Begriff der Liebe von z.B. der Lustdefinition? Wann liebt ein Mensch und wann empfindet er, z.B. aufgrund des Frühlings, einfach nur den Drang sich fortzupflanzen?

Neben der Zuneigung von Liebespärchen existiert auch noch eine Vielzahl von anderen Gefühlen, die man alle unter dem Sammelbegriff „Liebe“ zusammenfassen kann. So liebt eine Mutter z.B. ihre Kinder und die Kinder wiederum lieben ihre Mutter. Das Gleiche gilt für Väter, Geschwister, Großeltern und andere nahe Verwandte. Manche Menschen sagen, dass sie ihren Beruf lieben würden, weil sie ihn einfach sehr gerne ausüben. Wiederum andere Menschen sprechen im Zusammenhang mit Sportvereinen und anderen Institutionen von Liebe. Die Begriffe Vaterlandsliebe und Gottesliebe sind bei der Mehrheit der Menschen bekannt. Im Rahmen von Sekten sprechen Sektenmitglieder häufig davon, dass sie ihren (falschen) Propheten lieben würden.

Kann man Liebe also durch z.B. Gehirnwäsche erzwingen? Moderne Sekten haben gezeigt, dass sie dazu in der Lage sind, Menschen bedingungslose Treue abzuverlangen. So gab es in der jüngeren Vergangenheit Sektenmitglieder, die bereitwillig für ihren Führer in den Tod gegangen sind, wie z.B. im Fall der Davidianer. Befragt man solche Menschen, warum sie einer Sekte angehören, dann hört man oft, dass sie die Sekte aus tiefstem Herzen lieben würden.

Aber auch in weniger fragwürdigen, religiösen Gemeinschaften spricht man häufig von Liebe. So würden die meisten gläubigen Christen sagen, dass sie Jesus Christus, also einen Teil ihres dreifaltigen Gottes, von ganzem Herzen lieben würden. Strenggläubige Buddhisten gehen sogar so weit, dass sie sagen, dass sie alle Lebewesen auf der Welt lieben, weil sie davon ausgehen, dass jedes Lebewesen theoretisch einer ihrer verstorbenen Vorfahren sein könnte.

Auch in politischen Bereichen spricht man oft von Liebe. So haben viele Deutsche z.B. ausgesagt, dass sie ihren Führer, Adolf Hitler, geliebt hätten. Viele dieser Menschen sind bereitwillig in den Tod gegangen, nachdem sie erfahren haben, dass Hitler vermutlich Tod sein soll. In den Kulten um Josef Stalin und Mao Zedong sprachen viele Anhänger davon, dass sie den jeweiligen Führer wie einen Gott verehren und lieben würden. Viele Menschen sprechen auch in Zusammenhang mit Werten von Liebe, wie bei z.B. Freiheit und Gleichheit.

Aber was unterscheidet die Liebe von z.B. Verehrung, Lust, Treue und einer Vielzahl von anderen Gefühlen und Emotionen? Eine genaue und abschließende Abgrenzung des Liebesbegriffes von anderen Begriffen ist nicht nur relativ schwierig, sondern sogar nahezu unmöglich, weil sich die Liebe in vielen Facetten zeigen kann. Meiner Meinung nach sollte man die Liebe wie folgt von anderen Begriffen abtrennen:
Liebe ist ein tiefempfundenes, ehrliches Gefühl, das sich grundlegend von allen menschlichen Emotionen unterscheidet. Dies wird vor allem dadurch erkennbar, dass wahrhaftige Liebe immer ein Gefühl ist, welches vom Liebenden freiwillig zu empfinden ist. Denn erzwungene oder erschlichene Zuneigung ist niemals wahrhaftig und somit auch

keine Liebe. Der Liebesgegenstand spielt bei der Abgrenzung des Begriffes „Liebe" gegenüber anderen Begrifflichkeiten keine Rolle, weil man nicht nur Personen, sondern auch Organisationen, die Heimat, etc. lieben kann. Liebe kommt immer aus den tiefsten Tiefen des Herzens und ist somit das höchste aller Gefühle.

Auch meine Definition des Begriffes Liebe ist an der einen oder anderen Stelle etwas „schwammig", weil die Liebe einfach keine greifbare Sache ist, sondern etwas, das den Menschen mehr von „niederen" Tieren unterscheidet, als kaum eine andere Sache.

Verflixt □heologi!

Warum Fehler gut sind

Wir alle begehen täglich Fehler, seien es nun kleine Fehltritte oder große Fehlentscheidungen. Aber was ist eigentlich ein Fehler?
Das Wörterbuch definiert einen Fehler als *„Abweichung vom Richtigen. Unrichtigkeit. Verstoß gegen Regeln. [...] Mangel. Schwäche. Unzulänglichkeit."*
An dieser Stelle stellt sich wieder einmal die Frage, was diesbezüglich als richtig zu deuten ist. Wie ist Objektivität in diesem Zusammenhang zu formulieren und zu definieren?

Mit der Definition, einen Fehler als einen Verstoß gegen Regeln zu bezeichnen, umzugehen, gestaltet sich nicht als sonderlich schwierig. Vorwiegend ist dies der Fall, weil Regeln an sich schon moralische, denkerische, naturwissenschaftliche, etc. Fehleinschätzungen und Falschheiten enthalten können, wodurch sie als Referenz häufig ungeeignet sind. Hier sind z.B. völkerrechtswidrige Staatssysteme, voreingenommene Rechtssysteme und bevor- bzw. benachteiligende Spielregeln zu nennen. Kann man einen Fehler gegen etwas begehen, das an sich schon grundsätzlich falsch zu sein scheint? Und würde ein solcher Fehler nicht schon alleine deswegen etwas Richtiges, weil minus mal minus plus ergibt?

Wiegesagt passieren Fehler jedem Menschen im täglichen Leben. So haben wissenschaftliche Studien ergeben, dass jeder Mensch mehrmals am Tag lügt. Autofahrer verstoßen häufig gegen z.B. Geschwindigkeitsbegrenzungen und Parkverbote. Viele Menschen lösen keinen Fahrschein, wenn sie mit dem Bus fahren, wodurch sie zu Dieben werden. Häufig werden z.B. Rechnungsbeträge falsch ausgerechnet. Festzustellen ist, dass ein Fehler ein Fehler bleibt, ganz unabhängig davon, ob er absichtlich oder unabsichtlich passiert ist. Insbesondere bei den unbeabsichtigten Fehlern gilt der berühmte Ausspruch des Volksmundes, dass irren menschlich ist.

Menschen lügen auch häufig, damit sich der Gegenüber nicht schlecht fühlt. So belügt man seine Freundin häufig, wenn sie wieder einmal fragt, ob sie in ihrem neuen Sommerkleid zu dick aussieht. Man belügt die Schwiegereltern, wenn sie einen fragen, ob man am nächsten Wochenende nicht gerne einmal bei ihnen zu Besuch kommen möchte. Man fragt Menschen häufig, wie es ihnen geht, obwohl es einen eigentlich nicht interessiert. So wird auch oft aus Höflichkeit heraus gelogen.

Man muss solche Fehler also generell in drei Kategorien einteilen:

1. Unbewusste Fehler.
2. Bewusste Fehler, die einem guten Zweck dienen sollen.
3. Bewusste Fehler, die keinem guten Zweck dienen sollen.

Den Begriff „gut“ an dieser Stelle zu definieren ist, ähnlich wie bei dem Begriff „richtig“, relativ schwierig, weil bei solchen Definitionen, wenn man Objektivität gewährleisten möchte, immer eine ultimative Moral als Musterbeispiel definiert sein sollte. Mit „gut“ ist an dieser Stelle aber gemeint, was im Allgemeinen als „gut“ gilt. Wenn man also z.B. das Leben eines unschuldigen Menschen schützen möchte, oder, wenn man die Gefühle von anderen Menschen schonen möchte.

Der zweite große Bereich der Fehler ist die Definition von Fehlern als Mangel, Schwäche und Unzulänglichkeit. Hierbei ist zumeist einwie charakterlichewie oder körperlichewie Mangel, Schwäche oder Unzulänglichkeit gemeint. Wenn man also z.B. einen angeborenen Hinkefuß hat, dann gilt das als Fehler in der Anatomie des jeweiligen Menschen. Ist man z.B. ein Sadist, dann gilt dies als charakterlicher Fehler. Fehler können also auch Abweichungen von Normen sein.

Wenn man einfach und unkompliziert mit Fehlern umgehen möchte, dann sollte man einfach die Beschaffenheit der Mehrheit einer Sache als Referenz für die Norm definieren. Fraglich ist, ob die Mehrheit häufig nicht mehr Fehler auf die jeweiligen individuellen Sachverhalte vereint, als Ausreißer „nach oben“, welche die Güte der Norm übersteigen. Man muss sich also überlegen, ob man das Beste als Referenz definieren möchte, oder, ob man das Häufigste als Referenz definieren möchte.

Beachtet man das von mir in diesem Kapitel Geschriebene, dann ist die Definition des Begriffes „Fehler“ im Wörterbuch durchaus ausreichend.

Werte im Wandel

Über moderne Moral

Gesellschaftliche und moralische Werte sind in einer jeden organisierten Menschenansammlung zu finden. Viele dieser Werte haben sich im Laufe von vielen Jahrhunderten entwickelt, andere sind, z.B. aufgrund von religiösen Bewegungen, schon seit über zwei Jahrtausenden festgelegt. Ein sehr gutes Beispiel für Werte, die sich erst im Laufe der Zeit entwickelt haben, sind z.B. die Menschenrechte. Die zehn Gebote, wie sie im Christentum zu finden sind, haben jedoch schon seit sehr vielen Jahrhunderten einen festen Platz in der moralischen Wahrnehmung von Christen. Viele dieser Werte haben sich allerdings im Laufe der letzten Jahrhunderte, teilweise auch nur Jahrzehnte, nicht nur langsam entwickelt, sondern fundamental verändert.

Aktive Sterbehilfe galt, nicht nur aufgrund der Regeln der christlichen Bewegung, schon seit langer Zeit als unmoralisch. Die meisten Menschen empfanden, dass das beabsichtigte Töten eines Menschen, selbst wenn dieser Mensch danach verlangt hat, einfach nicht richtig sein kann. In der heutigen Zeit wird sehr stark über das Für und Wider von aktiver Sterbehilfe diskutiert. Die eine Gruppe von Menschen sagt, dass aktive Sterbehilfe falsch sei, weil es Mord sei. Die andere Gruppe hält dem entgegen, dass jeder

Mensch das Recht habe, über sein eigenes Leben – also auch den eigenen Tod – zu bestimmen. Es gibt aber auch noch eine dritte Gruppe, die sich nicht für die eine oder andere Seite entscheiden kann. Ich z.B. denke, dass aktive, nicht kommerzielle Sterbehilfe in gewissen Härtefällen durchaus ein Rechtfertigungsgrund (siehe *Mörderisches Treiben*) zur beabsichtigten Tötung eines Menschen sein kann. Wo das Leiden eines Menschen dessen Lebenswillen übersteigt, wer sind wir da, über diesen Menschen zu richten und ihm seinen Willen zu verwehren? Vorausgesetzt natürlich, dass die Leiden des Menschen nicht zu verhindern sind.

Früher haben die Menschen schon in sehr jungen Jahren geheiratet, ähnlich wie es heute noch in einigen unaufgeklärten Staaten üblich ist. Deswegen verwundert es auch nicht, dass Sex vor der Ehe in vielen größeren Religionen geächtet wird. Schließlich wollte man so dafür sorgen, dass die Kinder in einem festen Familienverbund aufwuchsen. Ist aber ein solcher Grundsatz in der heutigen Zeit noch sinnvoll? Schließlich verfügen die Menschen über Mittel, welche fast sicher eine Empfängnis der Frau vermeiden, wie z.B. die Pille oder auch Kondome. Ultrakonservative, religiöse Menschen würden an dieser Stelle jetzt anführen, dass Gott nicht wollte, dass wir zum Vergnügen Geschlechtsverkehr praktizieren. Aber wo steht das? Wo nehmen z.B. die Christen diese Erkenntnis her? Es ist doch sehr fraglich, ob gewisse Passagen in z.B. der Bibel in diese Richtung interpretierbar sind.

In vielen Kulturen gilt das Töten eines ungeborenen Lebens als unmoralisch. Dabei spielt es häufig keine Rolle, in welchem Stadium der Entwicklung sich dieses Leben befindet. Sobald die Eizelle befruchtet worden ist, bezeichnen viele Menschen dies bereits als schützenswertes Leben. Mit der Definition von Leben haben die Menschen schon seit Menschengedenken Probleme. Das sieht man auch heute noch z.B. daran, dass im deutschen Recht der Beginn des Lebens anders definiert ist, als z.B. in der britischen Gesetzgebung. Man könnte anführen, dass auch etwas schützenswert ist, nur, weil aus diesem Etwas irgendwann einmal Leben entstehen könnte. Aber wo fängt man da an? Sind unbefruchtete Eizellen dann schon schützenswert, weil aus ihnen theoretisch Leben entstehen könnte, wenn sie befruchtet werden? Oder beginnt man erst ab dem Zeitpunkt, zu dem die Eizelle befruchtet worden ist? Ich denke, dass Abtreibung in den meisten Fällen falsch ist, weil das menschliche Leben – oder auch das potenzielle menschliche Leben – zu wertvoll ist, um es aus zumeist egoistischen Gründen auszulöschen. Das gilt vor allem deswegen, weil Frauen, zumindest in Industriestaaten, die Möglichkeit haben ihren Nachwuchs anonym in z.B. einer Babyklappe abzugeben. Wer keine Kinder bekommen möchte oder bekommen sollte, der sollte verhüten. In zwei Fällen würde ich aber darüber nachdenken, ob eine Abtreibung in einem sehr frühen Entwicklungsstadium des Kindes nicht doch in Frage kommen kann:

1. Es ist abzusehen, dass das Leben des Kindes durch Leiden geprägt sein würde.
2. Es ist abzusehen, dass die Mutter bei der Geburt sterben würde und zwar aus Gründen, die ihr vor der Empfängnis nicht bekannt waren.

Das älteste Gewerbe der Welt ist die Prostitution. Früher geächtet, wird die Prostitution heutzutage, in z.B. Deutschland, als offizieller Beruf anerkannt, was man unter anderem darin sieht, dass Prostituierten Sozialversicherungsschutz gewährt wird. Ob diese Form der Dienstleistung trotzdem gegen die guten Sitten verstößt, wird heftig diskutiert. Die einen sagen, dass die Prostituierten durch das Anbieten ihrer Dienste dafür sorgen, dass weniger Sexualstraftaten vorkommen. Gegner der Prostitution erwidern, dass es, vor allem aus religiösen Gründen, einfach falsch sei, und, dass die Prostitution den Menschenhandel fördern würde. Wenn Prostituierte aber freiwillig in ihrem Gewerbe arbeiten, dürfen sie dann mit ihrem Körper nicht machen, was sie wollen? Die Freier sollten aufgrund ihres freien Willens doch selber entscheiden dürfen, ob sie die Angebote der Prostituierten nutzen möchten oder nicht.

Auch im Umgang mit Homosexualität ist die Welt deutlich liberaler geworden, vor allem, wenn es um Eheschließlungen und Adoptionen geht.

Anhand der wenigen Beispiele, die ich in diesem Kapitel genannt habe, wollte ich deutlich machen, dass viele Dinge, die noch vor wenigen Jahrzehnten undenkbar schienen, heutzutage wie selbstverständlich praktiziert werden. Jeder sollte sich seine eigene Meinung bilden und dementsprechend handeln – ohne die persönliche Freiheit von anderen Menschen einzuengen.

Weitere Informationen

Immer einen Spruch auf den Lippen

Eine Spruchsammlung

Dieses Kapitel dient als eine Sammlung von Sprüchen, Gedanken und Gedichten, welche ich auf Basis meiner Erfahrungen, Vorstellungen und Einsichten entwickelt habe. Sie spiegeln in einem gewissen Maße mein Verständnis von der Gesellschaft, den Menschen, der Geschichte, der Politik, der Kirche und anderen wichtigen Dingen wider.

Ich hoffe, dass der ein oder andere Spruch dem Leser als Zitat in einer Diskussion, einer Arbeit oder einem sonstigen Anliegen dienlich sein kann.

Hass ist des Menschen Liebe,
Kirche ist des Menschen Wahn,
Geld ist des Menschen Gier,
Macht ist des Menschen Hunger,
Schaden ist des Menschen Freude,
Krieg ist des Menschen Durst,
Tod ist des Menschen Kampf.

Ein intelligenter Mensch denkt und schweigt.
Ein dummer Mensch spricht ohne zu denken.
Ein moralischer Mensch denkt und spricht.

Leben ohne Tod
ist wie
Tod ohne Leben.

Im Regenbogen der Menschheit ist die Farbe Rot am intensivsten.
Krieg ist rot.
Hass ist rot.
Blut ist rot.
Im Regenbogen der Moral ist die Farbe Blau am intensivsten.
Unbestechlichkeit ist blau.
Treue ist blau.
Melancholie ist blau.

Frage nicht, wer dir helfen kann, sondern hilf anderen und dir selbst.

Glaube an das Morgen und du wirst ewig leben.

Unsicherheit schürt Angst,
Angst schürt Wut,
Wut schürt Hass,
Hass schürt Krieg,
Krieg schürt Antimoral.
Nimm den Menschen ihre Unsicherheit und sie werden dir bis ans Ende der Welt folgen.

Der Mensch braucht seiner Natur wegen zwei Dinge: Freunde und Feinde – nicht mehr und nicht weniger.

Nichts ist stärker im Menschen, als die Saat des Zweifels an der eigenen Existenz.

Entfernt man das Unmögliche, so bleibt die Freiheit.

Der Tod ist keine Lösung, sondern nur das Unvermeidliche.

Die Welt ist wie ein Kreis – in sich geschlossen und frei vom äußeren Licht der Erleuchtung.

Nur der Körper der vermeintlichen Physik dient den Menschen als Grenze. Entferne ihn und neue Pfade werden sich auftun.

Gefangen im Leib, ein jeder für sich,
hoffend auf Gott, besonders auf dich,
strebend nach mehr, dies gilt auch für mich,
trotzend dem Böse, verschmähend den Lich.

Durch Taten des Guten streben wir gen Licht,
durch Stagnation und Böses mit Sicherheit nicht.

Mit dem Ich ist es wie mit der Göttlichkeit,
es kann so oder so sein und keiner scheint es zu kennen.

Erfolg definiert sich in unserer Gesellschaft durch den Indikator Habe und das Götzenbild Geld. Nichts vermag die Natur des modernen Menschen besser zu umschreiben.

Frag nicht wie viel, sondern wozu.

Den Deutschen wird häufig eine höhere historische Schuld zuteil, als allen anderen Völkern. Die Schuld eines Volkes wird stets auf der Waage des Kriegsergebnisses gemessen, ohne, dass Gewinner und ihr Handeln berücksichtigt werden.

Helden werden zumeist mit der gepanzerten Faust des Krieges auf dem Amboss der Schlacht geschmiedet. Was vermag mehr über das menschliche Verständnis von Heldentum zu erzählen?

Träume sind zum Träumen da.
Das Leben ist zum leben da.

Besser gilt bei den Menschen mehr, als gut.

Der Krieg hat uns zwei Dinge gezeigt. Wer wir sind und wo wir stehen.

Stark ist, wer seine eigenen Vorteile nutzt, ohne auf die Schwächen des anderen zu achten.

Nur durch Harmonie kann es Frieden geben:
Harmonie im Geiste,
Harmonie als Gemeinwohl,
Harmonie in der Moral,
Harmonie im Wertesystem.

Drei Dinge sind gewiss:
Die menschliche Beschränktheit.
Der menschliche Glaube.
Gott.

Zwei Brüder streiten sich heftiger, als zwei Fremde.

Ein gerader Weg ist weniger gut, als ein Weg mit vielen Kurven.

Menschen mögen ihre Herausforderungen einfach und schnell, so wie es dem Gemüt der meisten Menschen entspricht.

Strebe stets größer, als du bist.

Eine gute Tat kann nicht tausend schlechte Taten aufwiegen. Eine schlechte Tat kann tausend gute Taten zunichtemachen.

Die Entwicklung der Erbsünde legt ein stärkeres Zeugnis über die Schlechtigkeit der Menschen ab, als die in ihr formulierten Gedanken.

Verrate nicht deinen Glauben, sonst verrät dein Glaube dich.

Der vermeintliche Widerspruch von Naturwissenschaften und Religion ist nur vorhanden, weil Menschen zumeist in Widersprüchen denken.

Es gibt wenig größere Übel, als die willkürliche Zusammenrottung von Menschen zu Staaten, den Anspruch auf eine absolute, kirchliche Wahrheit und den Begriff des Adels, welcher frei von jeglicher moralischen Rechtfertigung existiert.

Glaube vermag mehr zu leisten, als Kirchen.

Himmel sind blau,
Wolken oft grau,
rot ist die Welt,
schwarz das Schlachtfeld.

Ein richtiger Gedanke ist mehr wert, als tausend falsche Worte.

Grenzen sind Staaten im Großen, Städte und Gemeinden im Mittleren und Wände und Zäune im Kleinen. Wahrhaftige Freiheit kann es nur ohne Grenzen und mit einer ultimativen Moral geben.

Trägheit ist manchmal besser, als Aktionismus.

Wie sollen wir an Wunder glauben, die die leben in einer Welt bestehend aus Wahrscheinlichkeiten?

Zwischen Mut und Dummheit befindet sich nur ein schmaler Grat.

Dem Guten fällt es manchmal schwer nicht zu hassen, angesichts einer Welt, die nicht verstehen will, noch dazu im Stande ist – dennoch liebt es.

Man kann die Moral ebenso wenig betrügen, wie den Krieg oder den Tod.

Reicht es nicht, dass ein Ozean schön ist, uns Nahrung gibt und unsere Schiffe trägt? Müssen wir auch noch daran glauben, dass Meerjungfrauen in ihm leben?

Nur, weil etwas nicht der Norm entspricht, heißt das nicht, dass es schlecht ist.

Gott ist gleich Gott.

Unser Eindruck von etwas ändert nicht die tatsächliche Beschaffenheit von diesem Etwas.

Freue dich, denn das Morgen ist ungewiss!

Die Demokratie ist eine Diktatur der Mehrheit. Bedauerlicherweise wird diese Mehrheit umso dümmer, desto mehr Zeit vergeht. Ergo ist eine Demokratie eine Diktatur einer immer dümmer werdenden Mehrheit.

Es ist nicht immer der Weg das Ziel,
manchmal ist auch das Ziel das Ziel.

Politik ist häufig nur Parteipolitik.

Faschismus ist die Konsequenz inkonsequenter Politik.

Kommunismus ist die Konsequenz falscher Wirtschaftspolitik.

Es ist schade, dass einige Sozialpolitik und Sozialismus nicht auseinander halten können.

Ein Verhaltenscodex ist ebenso unentbehrlich, wie Gesetze.

Leben ungleich Überleben. Leben ist gleich Überleben plus X.

Die selektive Demokratie ist eine wunderbare Laudatio an die Politik.

Warum Kirche?
Warum nicht Glaube?

Es ist interessant, dass Menschen, die in einer Demokratie nicht wählen gehen, geschnitten werden. Ist nicht auch das Nichthingehen ein politisches Statement, das in einer Demokratie Gehör verdient?

In eine Demokratie gehören alle Farben der parteilichen Farbenlehre. Nur, weil etwas undemokratisch ist kann man es in einer Demokratie nicht verbieten. Diesbezügliche Verbote sind ein Zeugnis für die Unfähigkeit der Politik und die Dummheit des Volkes. Wollen wir uns wirklich ein solches Zeugnis ausstellen?

Nichts ist schlimmer, als der Verrat an den eigenen Prinzipien.

Manche Menschen verwechseln Kultur mit einem historischen Vermächtnis. Nur, weil das eine ein Teil des anderen ist, sind doch beide nicht das Gleiche.

Wer Kampf als Mittel zum Zweck ablehnt, hat weder die Menschen, noch ihre genetische Natur verstanden.

Hass ist eine natürliche Notwendigkeit. Die Kontrolle des Hasses ist eine moralische Herausforderung.

Wer mehr möchte, als er hat, wird nie glücklich sein.

Zwei Arten von Gesprächen werden früher oder später stets zu Streitgesprächen: Gespräche über Religion oder Politik.

Man sagt nicht grundlos, dass alle guten Dinge drei sind.

Menschen, die über Leichen gehen sind genauso unheimlich, wie Leichen die über Menschen gehen.

Fordere dich selbst mehr, als andere.

Manchmal frage ich, warum die Menschen existieren. Dabei ist die Frage noch dem warum gar nicht so wichtig, wie die Frage nach dem wodurch.

Eine grundlegende Sinnsuche des menschlichen Seins hat einen Ereignisraum von null.

Wer danach fragt, warum man Europawahlen braucht, würde auch fragen, warum man Wahlen überhaupt braucht.

Je weiter die Menschen voranschreiten, desto mehr verlieren sie sich im Gewirr aus widersprüchlichem Denken. Manchmal ist das Gestern wichtiger, als das Heute. Manchmal auch andersherum. In den meisten Fällen ist beides gleichwichtig.

Frieden ist heutzutage wie der Duft der Blumen. Schön und kurzlebig.

Die Bildung einer individuellen, charakterlichen Antimoral als Teil des Menschen erfolgt oft schleichend. Deswegen sollte man auf die Einwirkungen von Kollektiven ebenso achten, wie auf die Einflüsse von Einzelnen.

Der Ausspruch „Reden ist Silber und Schweigen ist Gold" ist ein fundamentaler Fehler in der Denke des Menschen. Gerade die Möglichkeit des Menschen zur komplexen Kommunikation auf Basis komplexer Gedanken unterscheidet uns mehr vom Tier, als alles andere.

Achte auf deine Gedanken. Sonst verselbstständigen sie sich.

Ich erkenne keinen signifikanten Unterschied zwischen Kirche und Wahn. Allerdings erkenne ich einen solchen Unterschied zwischen Kirche und Religion.

Magdeburg steht vor allem für eins: den Krieg zwischen Brüdern.

Man kann Menschen am besten beobachten, wenn sie in einem Sportstadion das Spiel ihrer Lieblingsmannschaft gegen einen Erzfeind anschauen.

Wer sagt, dass Gott tot ist, sagt auch, dass die Hoffnung tot ist.

Manchmal fragen mich Menschen, warum Gott überwiegend als gütig dargestellt wird. Woher kämen all der Krieg, der Hunger, das Leid und die Vertreibungen? Ich antworte diesen Menschen dann, dass durch Menschen verursachtes Leid nicht die Schuld Gottes sein kann.

Einzelne dürfen ganze Kulturen auslöschen, nur um ihren eigenen Hunger nach Macht zu befriedigen – und die Masse steht johlend und grölend daneben.

Obligatorisch ist bei den Menschen nur der Hass.

Es ist interessant, dass Religionen häufig die Schuld für Dinge gegeben wird, die zumeist politisch sind.

Wer nach mehr strebt, als er zu erreichen vermag, wird niemals glücklich sein.

Glaube an die Ewigkeit.
Lebe in der Endlichkeit.

Wir vermuten eher einen Makel in unserem Glauben, als in unserem vermeintlichen Wissen.

Polygamie ist biologisch zweckmäßig, kulturell aber falsch.

Viele Menschen wünschen sich ein Hundeleben: fressen, schlafen, fortpflanzen und verdauen.

Häufig ist in der modernen Gesellschaft das Wort „sozial" mit kollektivem Egoismus gleichzusetzen.

Liebe ist wie eine zarte Pflanze. Sie braucht viel Pflege und Versorgung, ansonsten wird sie hässlich.

Ist man ein schlechter Mensch, weil man die Wahrheit sagt?

Häufig sind nicht Politiker Schuld an ihren Lügen, sondern die Gutgläubigkeit der Menschen, die ihnen diese Lügen erlaubt. Ein zynischer Mensch würde dies Naivität nennen.

Zeitlos ist nur Gott.

Kalkulationen gelten häufig mehr, als die Wahrheit.

Armut ist das größte und überflüssigste Übel in der Welt, zumal genug für alle Menschen da wäre.

Errichte dir nur dann ein Denkmal, wenn du auch eines verdient hast.

Menschen ist der Preis einer Sache wichtiger, als deren Wert.

Krieg gibt es nur deswegen, weil er in unserer evolutionären Entwicklung als Teil des menschlichen Charakters eingebaut wurde. Wer sich von diesen Fesseln löst wird wahren Frieden finden.

Frieden ist die Summe aller moralisch-politischen Bemühungen.

Erinnere dich stets daran wo du herkommst, denn die Heimat ist die wichtigste Wurzel deines Lebensbaumes.

Die Menschen haben in ihrer Symbolik nicht umsonst das Herz als Zeichen für die Liebe gewählt, denn es ist das zentrale Organ des menschlichen Körpers.

Konkurrenz ist nichts Negatives. Sie belebt das menschliche Streben.

Binde dich an nichts, dass deinen Charakter negativ beeinflussen könnte.

Vorsorge ist besser, als Nachsorge.

Es ist zynisch, dass sich die Erde ebenso dreht, wie die menschliche Geschichte. So beginnen die Menschen ihren Lernprozess stets neu.

Engel sind ebenso real, wie die Menschen.

Theorie kommt stets vor Praxis.

Wer schlecht handelt ist nicht unbedingt ein böser Mensch. Manchmal dient das Böse dem Guten.

„Gerne würde ich den Himmel berühren", sprach das Tier. Doch fehlen mir die Flügel.

Man sollte Erfolg nicht mit dem Guten verwechseln.

Von Clausewitz hat in seinem Buch „Vom Kriege" geschrieben, dass der Krieg lediglich die Fortsetzung der Politik mit anderen Mitteln sei. Ich sage, dass der Krieg lediglich die Fortsetzung einer gescheiterten Politik mit unmoralischen Mitteln ist.

Wer den Glauben für seine niederen weltlichen Ziele missbraucht wird am Schluss vom Glauben missbraucht werden.

Ernenne dich selbst nicht zum König, sondern zum Knechte. Denn im Dienen liegt mehr Wahrheit verborgen, als im Herrschen.

Getrost sage ich die Wahrheit, wohl wissend, dass sie nicht gehört werden will.

Ein guter Mensch würde lieber sterben, mit einem Lächeln auf seinem Gesicht, als in Unmoral leben zu müssen.

Manche Menschen sind mehr an dem interessiert, was sie bekommen könnten, als an dem, was sie erreichen könnten.

Tiere sind oft die besseren Menschen.

Wer ohne ein Ziel im Leben ist, dessen Leben ist ohne Ziel.

Finstere Zeiten erfordern stets Helden des Lichts, die trotz aller Hindernisse an ihren Zielen festhalten.

In manchen Fällen wäre Unmündigkeit besser, als freie Rede.

Eine freiheitliche Demokratie kann der schlimmste Feind der Freiheit sein.

Gesellschaftliche Probleme sind die Probleme von allen Menschen – aber nicht zu gleichen Teilen.

Es gibt wenig Schlimmeres, als Dummheit gepaart mit Arroganz.

Mauern durchbricht man am leichtesten mit Kanonen, nur zerstören Kanonen nicht nur die Mauern, sondern auch Brücken.

Kein Buch vermag mir mehr Wissen zu vermitteln, als leuchtende Kinderaugen.

Verharre im Hass und Glück wird dir fernbleiben.

Hass ist die Konsequenz kollektiver Toleranz ohne einheitliche Werte.

Kriegstreiber sind wie Panzer: außen hart und innen hohl.

Verfolge das Böse in dir, bevor du das Böse in der Welt verfolgst.

„Mehr" bedeutet nicht edler.

Gerichte sind das Resultat menschlicher Schwäche.

Adel ist der ultimative Beweis dafür, dass sich Menschen anderen Menschen gegenüber grundlos überlegen fühlen.

Wer das Böse verschmäht ist nicht automatisch gut.

Länder und Staaten sind die Reviere des modernen Menschen.

Jede Kultur könnte viel von jeder Kultur lernen.

Nur Narren lieben Gold.

Wenn Wissen Macht ist, dann ist Glaube eine hoffnungsvolle Erwartung.

Gleichheit ist eine Illusion.

Freiheit ist immer so gut, wie die Menschen, die sie leben.

Wer sagt, dass es in seinem Land keine Korruption gäbe, der ist korrupt.

Waffen und Drogen sind Seide und Gewürze einer moralarmen Moderne.

Ein Fehler ist immer falsch, aber die aus ihm resultierende Konsequenz kann gut oder schlecht sein.

Regeln sind nicht dazu da gebrochen zu werden.

Verzweiflung ist das Resultat aus mangelndem Glauben hervortretendem Unbehagen.

Geduld ist der Lohn des Wartenden.

Das Licht des Glaubens strahlt heller und intensiver, als der Schein des Wissens.

Wer sich über Kriegssimulationen aufregt, hat ihren Nutzen nicht begriffen.

Übermäßige Trauer im Tode ist ein Beweis für mangelnden Glauben.

Wissen ist subjektiv.

Wer ist der Autor dieses Buches?

Kurzbiografie von Timo Schöber

An dieser Stelle möchte ich mich dem Leser kurz vorstellen.

Timo Schöber

Ich wurde am 11.05.1983 im hohen Norden Deutschlands, im wunderschönen Land zwischen den Meeren, namentlich Schleswig-Holstein, geboren. Ich habe das Glück, dass ich ein sehr liebevolles und liberales Elternhaus habe. Nach meiner Kindergarten- und Grundschulzeit habe ich eine integrierte Gesamtschule besucht, weil meine Eltern und ich schon früh das zukunftsweisende Konzept von ganztägigen, integrierten Gesamtschulen erkannt haben. Heutzutage hat ja mittlerweile auch die Politik begriffen, dass Skandinavien in punkto Bildungspolitik eine Vorreiterolle einnimmt.

Nach meinem Abitur im Jahre 2003 begann ich im selben Jahr ein Studium im dualen System bei einem Telekommunikationsunternehmen und einer Wirtschaftsakademie. Da mir die Firmenpolitik, welche im Bewerbungsgespräch anders dargestellt worden war, als wie die Realität ausgesehen hatte, aber nicht zusagte, verließ ich das Unternehmen noch in der Probezeit und begann ein Studium (2004) im Bereich Wirtschaftswissenschaften an einer der besten Fachhochschulen des Landes.

Eigentlich wollte ich immer Philosophie oder Theologie studieren, aber bedauerlicherweise kann man damit nur schwer seinen Lebensunterhalt bestreiten, wodurch ich mich dazu entschieden hatte, die besagten Geisteswissenschaften als Hobby zu betreiben.

Da ich schon immer den Umgang mit Menschen gemocht habe, belegte ich den großen Schwerpunkt Human Resources Management (HRM; Personalwesen) und aufgrund meiner sozialen Ader den kleinen Schwerpunkt Gesundheitsmarkt und -management (GMM).

Aufgrund meines hohen IQ von über 150 fiel es mir glücklicherweise immer relativ leicht neue Informationen aufzunehmen und umzusetzen, wodurch ich neben meinem Studium genug Zeit hatte, mich auch mit meinen Hobbys, einem Job als Freelancer in den Bereichen HRM und GMM (teilweise in Kombination mit der Position des Chief Compliance Officers) und sonstigen Interessen zu beschäftigen.

Ich betreibe gerne Schach, Go, Tabletopspiele, e-Sports/Pro-Gaming, Tennis und aufgrund meiner norddeutschen Herkunft natürlich auch Handball. Da ich schon immer ein sehr ehrgeiziger Mensch war, habe ich in meinen Hobbys viele hundert große Erfolge erzielt. Mittlerweile habe ich aber erkannt, dass ein fundamentaler Selbstverwirklichungsprozess nichts mit dem Erreichen von weltlichen Zielen zutun haben kann.

Ich würde mich als christlichen Agnostiker bezeichnen, der Gott (Gott der Herr, Jesus (Gott-Sohn) und den heiligen Geist) als ein kollektives, göttliches Ganzes verehrt.

Abschließend würde ich mich als impulsiven und dickköpfigen Menschen (schließlich bin ich Stier) beschreiben, der zutiefst loyal gegenüber seinem Glauben, seiner Familie und seinen Freunden ist. Außerdem kann ich gut Geheimnisse bewahren und ich scheine, so zumindest die Meinung meiner Familie, ein sehr liebevoller und vertrauenswürdiger Mensch zu sein. Ich lege viel Wert auf Bildung und Manieren. Meine negativen Eigenschaften sind sicherlich meine Besserwisserei, mein intensiver Ordnungswahn und mein Hang zur grundsätzlichen Beharrlichkeit, wobei Letzteres sicherlich auch als positive Eigenschaft gewertet werden kann.

Ansonsten bin ich ein übervorsichtiger Mensch, weswegen ich z.B. niemals sensible Daten von mir im Internet veröffentlichen würde. Außerdem wirkt das Internet bedauerlicherweise wie ein Magnet auf Leute, die gerne Rufmord oder andere böse Dinge betreiben, weswegen ich mir z.B. auch keinen öffentlich-einsehbaren Internetaccount machen würde.

Prinzipiell gilt bei mir folgende Regel: Lieber einmal zuviel vorsichtig, als einmal zuwenig.

Mehr möchte ich an dieser Stelle aber nicht zu meiner Person sagen, weil ich nicht zu viel von mir preisgeben möchte.

Sammlung der Kernaussagen

An dieser Stelle möchte ich die wichtigsten von mir stammenden und in diesem Buch erörterten Theorien, Gedanken und Ideen zusammenfassen, um dem Leser unnötige Sucharbeit zu ersparen. Außerdem werden in diesem Kapitel einige meiner Theorien genannt, welche ich in diesem Buch noch nicht explizit erwähnt habe.

Die vier Schöber'schen Regeln einer menschlich-geprägten Seinlehre:

2. Das Theorem des Seins. Die Begriffe „Sein“ und „Existenz“ sind explizit zu trennen. So definiert das Sein die Essenz eines Lebewesens und die Existenz lediglich das Vorhandensein irgendeines Dinges. Hinzu kommt beim Sein noch ein weiterer Faktor, der das allgemeine Sein vom menschlichen Sein unterscheidet – aber dazu mehr im zweiten Theorem. Es ist also von entscheidender Bedeutung, dass man in der Philosophie über das „Sein oder Nichtsein“ diskutiert und nicht über die „Existenz oder Nichtexistenz“.
3. Das Theorem des menschlichen Seins. Der Gedanke „cogito ergo sum“ muss um einen entscheidenden

Teil erweitert werden, wenn man über das menschliche Sein spricht. Es ist nämlich unzureichend den Menschen rein durch seine biologische Zusammengehörigkeit als Art zu definieren. Vielmehr muss man den rein biologischen Begriff des homo sapiens von dem philosophischen und auch theologischen Menschenbegriff unterscheiden. Das, was den Menschen menschlich werden lässt, ist die Fähigkeit zum umfangreich reflektierten Denken, ein ausgeprägtes Selbstbewusstsein und die Fähigkeit zur Kontrolle und Wahrnehmung von komplexen Gefühlen. Hier ist der Begriff „Gefühle" von dem Begriff „Emotion" zu unterschieden, der nur die biologisch notwendigen Regungen, wie z.B. Angst, beschreibt und nicht etwa komplexe Gefühle und Eigenschaften, wie z.B. Großmut oder Selbstlosigkeit. „Umfangreich reflektiert" bedeutet, dass Menschen dazu in der Lage sind, die Konsequenzen ihrer eigenen Handlungen und das eigene Selbstbewusstsein abzuschätzen und in geordnete Bahnen – angepasst an Umwelteinflüsse – zu lenken.
Ferner ist nur das menschlich, was dazu in der Lage ist, Gefühle in einem gewissen Ausmaß zu kontrollieren, um höhere Ziele, wie z.B. eine funktionierende Gemeinschaft, erreichen oder unterstützen zu können.

4. Das Theorem der allgemeinen Beschränktheit. Jede irdische Existenz – ob das menschliche Sein, tierisch, sachlich, pflanzlich, etc. – ist in ihrem Umfang und in ihrer Fähigkeit zu handeln und zu denken, durch den Umstand keiner greifbaren Allmacht und

das Ausbleiben irdischen Universalwissens, beschränkt.

5. Das Theorem der Unwissenheit. Nichts Weltliches kann Wissen erlangen, weil alles, was wir zu wissen glauben, nichts weiter ist, als geglaubtes Wissen. Es richtet sich jede Erkenntnis, jeder Gedanke, jede Idee, jede Theorie usw. an vorgefertigten Rahmen aus, aus welchen das Weltliche aufgrund der irdischen Beschränktheit nicht ausbrechen kann. So ist das, was einem Menschen einfällt, schlussendlich immer etwas Menschliches – nicht mehr und nicht weniger. Das, was wir als Wissen definieren ist ergo nichts weiter, als das, was wir als Rahmen unserer derzeitigen Möglichkeiten für unser eigenes Tun definiert haben. Jede Existenz – und in einem besonderen Maße das menschliche Sein – wird also zweifach beschränkt und bleibt durch diese Beschränktheit im Unwissen. Einerseits gilt der Rahmen der irdischen Beschränktheit und andererseits der Rahmen, den wir durch das schaffen, was wir zu wissen glauben. Dennoch ist unser Wissen nichts weiter als Glauben – von unserem tatsächlich als Glauben wahrgenommenen Glauben ganz zu schweigen.

In letzter Konsequenz bleibe ich der Welt natürlich nicht die Anwendung meiner eigenen Theorien, auf meine eigenen Theorien schuldig. Sollte es eine objektive Wahrheit geben, die ich aufgrund meiner Beschränktheit an dieser Stelle nicht weiter beschreiben kann, dann glaube ich zu wissen, dass Folgendes gilt:

1. Sollte meine Seinlehre richtig sein, dann gilt, dass sie aufgrund meiner eigenen Beschränktheit auch falsch sein könnte.
2. Sollte meine Seinlehre falsch sein, dann gilt, dass sie aufgrund der menschlichen Beschränktheit und der menschlichen Erkenntnis beziehungsweise Bewertung, als richtig (oder falsch) wahrgenommen werden könnte.
3. Außerdem gilt, dass es noch viele weitere Möglichkeiten geben könnte, und, dass ich aufgrund meiner eigenen Beschränktheit bezüglich der Wahrhaftigkeit von Theorien nur zwei Pole und einige Grautöne als Index zur Bewertung anwenden kann.

Beweis für die Existenz Gottes als planendes Ganzes, vor allem anhand der irdischen Unvollkommenheit:

Als Erstes möchte ich festhalten, dass tatsächlich vieles eine Ursache hat, aber nicht alles. Die wichtigste Ausnahme bildet hier Gott beziehungsweise der erste der Götter, sofern es mehrere Götter oder gottgleiche Wesen geben sollte. Weitere Ausnahmen sind das Gefüge des Ganzen, als das Grundfundament des Seins, und eine grundlegende Logik, die nicht der menschlichen Logik entspricht.
Das Gefüge des Ganzen beschreibt die feste Grundordnung, die nach meinem Dafürhalten schon immer existiert hat. Es kann folglich nichts existieren, dass sich nicht dieser Grundordnung unterordnet. Hier stößt der menschliche Verstand an seine Grenzen, weil wir uns immer einen Anfang beziehungsweise den Beginn einer Sache vorstellen müssen. Ebenso wie die Begriffe „unendlich“ oder „nichts“, ist auch

ein beginnloser Umstand für den menschlichen Verstand weder logisch, noch bildlich vorstellbar. Das ändert aber nichts daran, dass derartige Dinge existieren.

Die grundlegende Logik ist das wichtigste Standbein des Gefüges des Ganzen. Sie entspricht dabei selbstverständlich nicht der menschlichen Logik, welche sich durch ihre eigene Beschränktheit für solch fundamentale Fragen disqualifiziert. Sie muss dabei auch nicht dem menschlichen Verständnis von Logik und logischen Prinzipien folgen.

Weiter gilt der von mir entwickelte Merksatz:
Der Mensch ist als Mensch innerhalb der Grenzen des Menschseins beschränkt. Darum liegt die vermeintliche Weisheit nicht im menschlichen Wissen, sondern im Glauben. Im Glauben an das, was wir zu wissen glauben und im Glauben an Dinge, die wir tatsächlich als Glauben interpretieren. So sind auch die menschliche Vernunft, die menschliche Logik und sogenanntes Faktenwissen nichts anderes, als aus der menschlichen Beschränktheit resultierender Glauben.

Es muss bei einem durch einen Menschen vollzogenen Gottesbeweis also nicht nur, wie Immanuel Kant richtig festgestellt hat, deshalb von Wissen auf Glauben umgeschaltet werden, weil der Mensch Gott mit menschlichen Mitteln schlicht und ergreifend nicht beweisen kann, sondern insbesondere auch deswegen, weil es – so glaube ich zumindest – kein menschliches, gewusstes Wissen gibt.

Nun zu meiner eigentlichen „Beweis“führung:

Menschliche Unvollkommenheit und geistige Beschränktheit lassen einen denkerischen Gottesbeweis, der sich an menschlichen Vorstellungen und Erfahrungen ausrichtet, nicht zu. Allerdings ist eine unvoreingenommene Begründung anhand der irdischen Unvollkommenheit zulässig, die um ihre eigene Beschränktheit weiß.

So entspricht Gott (beziehungsweise Götter – folgend bitte beachten) mit einer sehr hohen Wahrscheinlichkeit nicht dem, was bisher durch den Menschen formuliert wurde. Allerdings kann davon ausgegangen werden, dass man sich auf den kleinsten gemeinsamen Nenner der meisten größeren religiösen Bewegungen einigen kann – nämlich dem Allmachts- und Allwissenheitsbegriff. Davon ausgegangen ist Gott ein vermutlich planendes Wesen, welches einem allumfassenden Plan folgt. Ob dieser Plan beständig fort- und weiterentwickelt wird, lässt sich aus offensichtlichen Gründen nicht sagen.

Geht man davon aus, dass all dies die Rahmenbedingungen dafür bildet, um einen menschlichen Gottesbeweis führen zu können, dann ist die Glaubensquelle, die am nächsten liegt, die Unvollkommenheit der Erde und ihrer Bewohner. Da Gott allwissend ist, wusste er um diese Unvollkommenheit. Zwei der wichtigsten Bestandteile dieser Unvollkommenheit sind beschränktes, geglaubtes Wissen und fehlendes Vertrauen.

So wusste Gott um die menschliche Unvollkommenheit. Weiter davon ausgegangen, dass Gott den Menschen kennt (er ist ja schließlich allwissend) und liebt – was alles andere als beweisbar ist – dann kann man ferner davon ausgehen, allerdings nur die die menschliche Logik angewandt, dass Gott die Menschen testen möchte – was in einem gewissen Umfang auf alles Liebende zutrifft.

So könnte man als Gottesbeweis anführen, dass Gott Umstände und vermeintliche Tatsachen so arrangiert hat, dass sie im Menschen Zweifel an das Göttliche säen sollen. Weiter kann davon ausgegangen werden, dass Gott allen Menschen eine Art göttlich-glaubendes Zentrum ins Gehirn gepflanzt hat, das dafür gesorgt hat, dass so gut wie alle gegenwärtigen und alten Kulturen in der einen oder anderen Weise an das Göttliche glauben beziehungsweise geglaubt haben (was historisch und menschlich gesehen ein unumstößlicher Fakt ist). So könnten evolutionäre Theorien, auffindbare archäologische Werte und diverse menschliche Wissenschaften nichts weiter sein, als ein großer göttlicher Test des Glaubens und des Vertrauens.

Gerade dieses ganze geglaubte Wissen, die irdische Unvollkommenheit und die menschliche (vor allem theologische) Geschichte sind zusammengenommen der ultimative (leider nur menschliche) Beweis für die Existenz Gottes.

Die Schöber'sche Definition des Ichs:

Das Ich definiert sich nicht als ein bestimmter Teil, sondern als Summe von vielen Einzelteilen. Es spielen hierbei primär die bekannten und unbekannten, diesbezüglichen Parameter der Neurobiologie eine Rolle, welche die meisten

Fragen bezüglich des Ichs beantworten können oder beantworten können werden – viele weitere Jahrhunderte der Forschung vorausgesetzt. Hinzu kommt ein weiterer Teil, nämlich das spirituelle Ich, als Teil der spirituellen Natur. Die spirituelle Natur definiere ich als das, was durch irdische Instrumente wahrnehmbar, aber nicht erklärbar ist und auch niemals erklärbar sein wird. Als Teil dieser spirituellen Natur ist das spirituelle Ich das, was die Teile des menschlichen Ichs ausmacht, die unerklärlich sind und vor allem unerklärlich bleiben werden. Demnach ist eine endgültige Ich-Definition, unterteilt in Neurobiologie/Neuropsychologie und Spiritualität, abschließend nicht möglich.

Dies ist vor allem dadurch der Fall, weil der Mensch aufgrund seines Menschseins beschränkt ist. Das Ich ist mehr, als der Mensch zu erklären vermag – dies gilt natürlich nur für den spirituellen (gottgegebenen) Teil des Ichs.

Merksatz zum Thema „Haben Tiere Rechte?“:

Moralisch gesehen haben Tiere die gleichen oder in einem höchsten Maße ähnlichen Rechte wie Menschen, weil der Wert von Leben ohne verwerfliche Indikatoren nicht messbar ist.

Die Schöber'sche Sittendefinition:

Auf den allgemeinen Moralvorstellungen beruhende(s) Eigenschaften oder Handeln, wobei erst ab einem ununterbrochenen, konfliktarmen Zeitraum von mindestens einhundert

Jahren, und von der Mehrheit des Volkes freiheitlich bestätigten Vorstellungen, von „allgemein“ gesprochen werden kann. Konfliktarm bedeutet, dass in diese Zeit weder Angriffs- noch Bürgerkriege, weder Genozid noch religiöse Gewalt und weder Tyrannei noch Alleinherrschaft fallen.

Das Schöber'sche Theorem der kollektiven Antimoral:

Ein einzelner „böser“ Mensch verführt eine ausgewählte Gruppe von Menschen, welche ihm ähnlich dient, wie eine Zielgruppe einem bestimmten Konzern, einer politischen Richtung, etc. Daraufhin beeinflusst diese Gruppe (unter Führung des Einzelnen) eine große Masse von Menschen – und zwar im Interesse, ihrer der Moral zuwiderlaufenden Idee. Falscherweise wird diese Masse in der Historie als weit weniger böse dargestellt (vgl. z.B. das „Mitläuferprinzip“), als die „Verführer“, allerdings macht die Gruppe die Masse nicht böse, sondern sie wecken nur gewisse Urinstinkte im Menschen. Folglich werden auch die Individuen der Masse in aller Regel böse, wenn man ihnen durch ein totalitäres System die Möglichkeit dazu gibt böse zu sein, denn die Unterdrückung von Schwachen liegt in der Natur des Menschen (vgl. Ausrottung der Neandertaler oder auch das Stanford-Prison-Experiment).

Schöber'sches Theorem des Bösen:

1. Das wahrhaftig Böse ist dem Guten auf Dauer zwar unterlegen, doch handelt es extremer und strebt seinem Willen gemäß gen Sieg. Das Gute jedoch ist zwar in der Welt vor-

handen, doch weicht es dem Bösen lieber aus, als ihm entschlossen entgegenzutreten. Ob es nun in der Natur des Guten liegt keinen Widerstand zu leisten oder nicht, manchmal ist Widerstand besser als Tatsachen als gottgegeben hinzunehmen. Das Böse kann also nur obsiegen, wenn das Gute nicht dazu in der Lage ist, die eigenen Prinzipien durch einen Bruch der eigenen Prinzipien durchzusetzen. Letzteres ist aber mit Sicherheit das kleinste aller Übel, ein Übel muss aber – schon aufgrund der natürlichen Boshaftigkeit der Menschen – gewählt werden.
2. Das Böse ist im Menschen grundsätzlich stärker, als das Gute. Demzufolge sollte das oberste Ziel eines Menschen sein, das Böse in seinem Inneren zu besiegen und der Welt vom Guten zu erzählen.

Schöber'sches Theorem des hauptreligiösen Paradoxons:

Die moderne Vernunft, vor allem in der westlichen Welt, steht in einem direkten Konflikt mit der historischen Schuld des Abendlandes. Man kann nicht A predigen, B machen und C gemacht haben. Das lässt sich auch auf andere Religionen inklusive ihrer internen und externen Konflikte übertragen.

Schöber'sches Theorem des religiös-kriegerischen Paradoxons:

Der eigentliche Zweck der meisten religiösen Strömungen liegt darin, den Menschen Sicherheit und ein friedvolles Miteinander zu vermitteln. Gerade die großen Religionen predigen – eine wohlwollende und richtige Interpretation vorausgesetzt – eine solche Lehre. Dem gegenüber stehen die Kriege, die im Namen des Glaubens und der Religion von Kirchen, Staaten und/oder anderen Gruppierungen ausgefochten werden. Diese Bereitschaft zum Einsatz von Gewalt liegt allerdings in der menschlichen Natur, weswegen der innere Krieg eines Menschen, in welchem Moral und Instinkt miteinander kämpfen, paradox und somit frei von jeglicher Lösung ist.

Schöber'sches Theorem des menschlichen Geistes:

Der Mensch unterscheidet sich vor allem durch seine geistig-fühlende Reife vom Tier, welche nicht in einem direkten Verhältnis zu unseren emotional-kognitiven Fähigkeiten steht. Durch die geistige, religiöse und glaubenstechnische Entwicklung konnte der Mensch als geistig-fühlendes Wesen erst von Gott wahrgenommen werden. Dies steht nicht in einem Widerspruch zur Allmacht- und Allwissenheitsdefinition Gottes, denn Gott ist aufgrund der menschlichen Beschränktheit für einen Menschen nicht in seiner Gänze definierbar.

Mein ganz persönlicher Glaube, der aber nicht unmittelbar etwas mit diesem Theorem zutun hat, ist, dass die Geburt von Jesus Christus, dem leibgewordenen Gott, eine Stippvisite Gottes war, um den Menschen als Menschen zu erfahren.

Schöber'sche Glaubenslehre:

Ein wahrhaftig glaubender Mensch benötigt keine organisierte Religion (Kirche), sondern nur seinen Glauben, welcher durch ein Kollektiv zu einer Religion wird. Das Pressen dieses Glaubens beziehungsweise dieser Religion in die regeltechnische Enge einer Kirche hat nur zur Folge, dass nicht nur die menschliche Beschränktheit den Glauben einengt, sondern auch die Blindheit der Kirche.

Schöber'sches Theorem der absoluten Wahrheit:

Es existieren drei Möglichkeiten bezüglich der Existenz einer absoluten Wahrheit:

1. Es gibt sie nicht.
2. Sie wurde bisher nicht erkannt.
3. Sie kann von einem Menschen aufgrund seiner Beschränktheit nicht erkannt werden.

Schöber'sches Theorem der hoffnungsvollen Moral:

Der Mensch ist wohl im Grunde seines Seins eher böse, als gut. Dies lässt sich aus der menschlichen Entstehungsgeschichte und sonstigen Historie herauslesen. Allerdings wurde aus dem Menschen etwas geboren, dass den Menschen Hoffnung machen sollte, nämlich eine grundlegende Moral, welche Ideen von Freiheit, Gleichheit und anderen Dingen in sich vereint. Die Fähigkeit des Menschen zur Erstellung einer solchen Moral und zum Erdenken solcher Ideale zeigt, dass auch viel Gutes von Geburt an in ihm steckt.

Schöber'sches Theorem der variablen Norm:

In seltenen Fällen können statische Normen unvorteilhaft sein. An solchen Stellen sollte man über flexible Normen nachdenken, die sich wie folgt gestalten sollten:
Grundlegende Normbildung als Massenentscheid einer fachspezifisch gebildeten Mehrheit. Danach Trendexploration der Norm anhand von zuvor definierten Phänomenen, mithilfe von validen, zuverlässigen und objektiven Indikatoren und einer festgelegten Skalierung.

Schöber'sches Theorem der wahren Hoffnung:

Wahre Hoffnung kann es nur im Glauben – religiös oder nicht – geben, weil vermeintliche Hoffnung im Wissen nur unbewusste Gewissheit sein kann.

Schöber'sches Theorem des notwendigen Krieges:

Krieg ist als Mittel zum Zweck dann zulässig, wenn die Mittel das Grauen dessen unterschreiten, das durch den Krieg bekämpft werden soll. Pazifismus disqualifiziert sich nicht zuletzt durch den Umstand, dass alle Menschen aufgrund ihrer Natur unter gewissen Umständen zu gewaltsamem Handeln bereit sind.

Schöber'sche Definition von Erfolg:

Erfolg definiert sich nicht nur durch das Erreichen von unbewussten oder bewussten Zielen, sondern auch dadurch, wie und in welchem Umfang die Ziele erreicht wurden.

Schöber'sches Theorem von Terrorismus:

Terror beschreibt, unabhängig von den Intensionen der Handelnden zu handeln, den unverhältnismäßigen Einsatz von gewaltsamen Mitteln.

Nachwort

Ich denke, dass deutlich geworden ist, welches Ziel ich mit der Erstellung dieses Buches verfolgt habe. Mir war zum einen wichtig meine eigenen Theorien und Ideen zu publizieren. Zum anderen möchte ich mit diesem Buch, so überheblich das auch klingen mag, einen Beitrag zu einer besseren Welt leisten.

Ich hoffe, dass sich der Leser seine eigenen Gedanken bezüglich meiner in diesem Buch geäußerten Theorien macht, und, dass meine in diesem Buch getätigten Aussagen weder missverstanden worden sind, noch als Grundlage für unmoralisches Handeln herhalten müssen – denn eine vorsätzliche Fehlinterpretation lässt sich bei aller Genauigkeit in der Formulierung nicht ausschließen.

Ich möchte, dass Werte wie Freiheit, Gleichheit und Brüderlichkeit nicht nur national, sondern global gelebt und verinnerlicht werden. Eine strikte Trennung von Religion und Staat sollte in allen Belangen durchgesetzt werden, wodurch Floskeln wie z.B. „Eine Verantwortung vor Gott“ im Grundgesetz der Bundesrepublik Deutschland rausfallen müssen. Der Staat und vor allem die in ihm lebenden Menschen müssen wieder mehr zur Objektivität, vor allem in Bezug auf die Beurteilung von Sachverhalten, zurückfinden.

Persönliche Interessen und Wünsche müssen in der Religion, Politik, Wirtschaft und allen anderen relevanten Bereichen, welche einer grundlegenden Verbesserung der Welt dienlich sein könnten, hinter selektiv-mehrheitlichen, kollektiven Zielen anstehen.

Ich möchte deutlich machen, dass ich versucht habe Verallgemeinerungen in diesem Buch zu vermeiden, weil ich nichts von Pauschalisierungen halte. Sollte mir dies an der einen oder anderen Stelle nicht vollends gelungen sein, weil Pauschalaussagen manchmal (aufgrund einer Arbeitserleichterung) unumgänglich sind, dann bitte ich das zu entschuldigen. Ich möchte niemanden – keine Person, Gemeinschaft, Organisation, etc. – persönlich angreifen.

Ich bedanke mich bei Ihnen für das Lesen dieses Buches. Ich hoffe, dass Sie viele anregende Diskussionen bezüglich der Kernaussagen in diesem Buch mit Ihnen nahestehenden Menschen haben werden oder auch schon gehabt haben. Ferner hoffe ich, dass ich Sie in der einen oder anderen Sache zum Überdenken Ihrer eigenen Ansichten veranlasst habe, und, dass Sie gemäß neugewonnener Erkenntnisse handeln und streben werden.

Aufgrund meiner Vorsicht lassen sich verlässliche Daten über meine Person nur auf meiner Ordenstafel und in diesem Buch finden – und so wird es auch bleiben.

Abschließend möchte ich alle unentschlossenen Autoren ermutigen, ihre Werke zu veröffentlichen. Häufig haben gerade Jungautoren die Sorge, dass ihr Ausdruck, ihre Rechtschreibung oder ihre literarischen Fähigkeiten nicht ausreichen, um ein Buch veröffentlichen zu können. Derartige Dinge spielen bei einem qualifizierten Leser keinerlei Rolle bei der Bewertung eines Buches, sondern lediglich die Aussagen des Buches sind von Bedeutung. Dennoch möchte ich mich beim Leser für eventuelle Rechtschreib- und Grammatikfehler entschuldigen, welche in diesem Buch vorkommen könnten. Leider hatte ich aufgrund von Zeitmangel, da ich den mir selbst auferlegten Veröffentlichungstermin einhalten wollte, keine Zeit, um eine andere Person als Lektor einzusetzen.

Es bedankt sich bei Ihnen,

Timo Schöber
Lordactor theologica
Vielfacher Weltmeister
Dreifacher Weltrekordhalter

Literaturhinweise

Neben dem neuen Medium Internet – und hauptsächlich meiner Allgemeinbildung und meinen in diesem Buch erläuterten Ideen – waren es vor allem die folgenden Bücher, die mir bei der Behandlung der Themen in diesem Buch behilflich waren. Da die wichtigsten Aussagen dieses Buches allerdings auf meiner autarken Denkarbeit beruhen, lassen sich dazu keine literarischen Quellen angeben, weil besagte Aussagen neu sind.

Die bereits im vorherigen Verlauf des Buches erwähnten Werke werde ich an dieser Stelle nicht auflisten. Wenn der Leser sich mit diesen Werke beschäftigen möchte, dann weise ich darauf hin, dass die Werke im Original (oder einer kommentierten Ausgabe, welche das Original enthält) zu lesen sind, weil Übersetzungen häufig Fehler enthalten.

Rechtlicher Hinweis: Irrtümer vorbehalten.

Das Welt Lexikon in 21 Büchern
F.A. Brockhaus AG, 2007
ISBN: 978-3-7653-3330-9

Wahrig – Illustriertes Wörterbuch der deutschen Sprache
ADAC Verlag GmbH, München, 2004
Wissen Media Verlag GmbH, Gütersloh/München, 2004
ISBN: 3-577-10051-6

Das Bertelsmann Bildungsbuch
C. Bertelsmann Verlag, Gütersloh, 1967

Die grosse illustrierte Weltgeschichte I + II
Bertelsmann Lexikon-Verlag Reinhard Mohn, Gütersloh, 1969

Michael Freund
Deutsche Geschichte
Bertelsmann Lexikon-Verlag Reinhard Mohn, Gütersloh, 1968

Heinrich Lützeler
Weltgeschichte der Kunst
C. Bertelsmann Verlag, Gütersloh, 1967

Das Bertelsmann Lexikon
C. Bertelsmann Verlag, Gütersloh 1967

Der Brockhaus in drei Bänden
Bibliographisches Institut, Mannheim, 2006
ISBN: 978-376531504

dtv-Lexikon
dtv, 2006
ISBN: 978-3423590983

Maximilian Steinbeis, Marion Detjen und Stephan Detjen
Die Deutschen und das Grundgesetz
Pantheon Verlag, München, 2008
ISBN: 978-3-570-55048-7

Wolfgang Mischnick
Bundestagsreden und Zeitdokumente
Verlag az studio, Bonn, 1977

Christoph Möllers
Demokratie – Zumutungen und Versprechen
Wagenbach, 2008
ISBN: 978-3803125804

Klaus Stüwe (Hrsg.) und Gregor Weber (Hrsg.)
Antike und moderne Demokratie: Ausgewählte Texte
Reclam, Ditzingen, 2004
ISBN: 978-3150183144

Otfried Höffe
Ist die Demokratie zukunftsfähig?: Über moderne Politik
Beck, 2009
ISBN: 978-3406587177

Joan Didion
Demokratie
Claassen Verlag, 2007
ISBN: 978-3546003889

Deutsche Literaturgeschichte
J.B. Metzlersche Verlagsbuchhandlung, 2001
Carl Ernst Poeschel Verlag GmbH, Stuttgart, 2001
ISBN: 3-476-01758-3

David Boyle
Der zweite Weltkrieg – Eine Chronik in Bildern
Naumann & Göbel Verlagsgesellschaft mbH in der VEMAG Verlags- und Medien Aktiengesellschaft, Köln, 1998
ISBN: 3-625-10497-0

Otto Zierer
Bild der Jahrhunderte
Bertelsmann Lesering, genehmigt durch den Sebastian Lux Verlag, Murnau
Bücher 1-19

Marion Dönhoff, Helmut Schmidt und Theo Sommer (HG.)
ZEIT-Geschichte der Bonner Republik 1949-1999
Rowohlt Taschenbuch Verlag GmbH, Reinbek bei Hamburg, 2000
ISBN: 3-499-60939-8

Unser Jahrhundert im Bild
C. Bertelsmann Verlag, Gütersloh, 1964

Räume und Völker unserer Zeit
Südwest Verlag Neumann & Co. K.G., München, 1963

Chronik des 20. Jahrhunderts
Harenberg Verlag und Mediengesellschaft mbH & Co KG, Dortmund, 1983

Willy Brandt
Erinnerungen
Verlag Ullstein GmbH Berlin, Frankfurt am Main, 1989

Wolfgang Dietz, Michael Schaaf, Holger Sonnabend und Norbert Wolf
Der Brockhaus Geschichte: Personen, Daten, Hintergründe
Brockhaus, Mannheim, 2005
ISBN: 978-3765303326

Hanns Kurth und Hans Martin Stückelberger
Welt- und Kulturgeschichte
Alyos Henn Verlag K.G., Düsseldorf, 1974

Ivano Palmieri, Pietro Palumbo und Giovanni Zuannazzi
Der Mensch in der Geschichte. Demokraten, Diktatoren und Visionäre. Das 20. Jahrhundert
ADAC, 2000
ISBN: 978-3870038762

Thomas Grüter
Freimaurer, Illuminaten und andere Verschwörer
S. Fischer Verlag GmbH, Frankfurt am Main, 2008
ISBN: 978-3-596-17040-1

Elmar Bereuter
Hexenhammer: Roman über die Anfänge der Hexenverfolgung
Piper, 2009
ISBN: 978-3492242233

Wolfgang Behringer
Hexen und Hexenprozesse in Deutschland
dtv, 2000
ISBN: 978-3423307819

Edward Norman
Geschichte der katholischen Kirche. Von den Anfängen bis heute
Theiss, 2007
ISBN: 978-3806220773

Das Fischer Lexikon
Christliche Religion
Fischer Bücherei KG, Frankfurt am Main, 1957

Hans Küng
Das Christentum: Wesen und Geschichte
Piper, 2008
ISBN: 978-3492050623

Das Fischer Lexikon
Nichtchristliche Religionen
Fischer Bücherei KG, Frankfurt am Main, 1957

Arnulf H. Baumann
Was jeder vom Judentum wissen muß
Gütersloher Verlagshaus Gerd Mohn, Gütersloh, 1983
ISBN: 3-579-01063-8

Heinz Halm
Der Islam: Geschichte und Gegenwart
Beck, 2007
ISBN: 978-3406519178

Johannes Lähnemann
Weltreligionen im Unterricht, Fernöstliche Religionen
Vandenhoeck & Ruprecht, 1994

Alfred Hillebrand, Leopold von Schroeder und Adolf Holtzmann
Der Hinduismus: Bibliothek der Weltreligionen
Voltmedia, Paderborn, 2005
ISBN: 978-3938478615

Dalai Lama
Die Lehren des tibetischen Buddhismus
Goldmann, 2000
ISBN: 978-3442215393

Hans Poser
Renè Descartes: Eine Einführung
Reclam, Ditzingen, 2003
ISBN: 978-3150182864

Dominik Perler
Renè Descartes
Beck, 2006
ISBN: 978-3406541261

Wilfrid Sellars und Thomas Blume (Hrsg.)
Der Empirismus und die Philosophie des Geistes
Mentis-Verlag, 1999
ISBN: 978-3897850897

Wolfgang Röd
Der Gott der reinen Vernunft: Ontologischer Gottesbeweis und rationalistische Philosophie
Beck, 2009
ISBN: 978-3406585692

Richard Dawkins
Der Gotteswahn
Ullstein Taschenbuch, 2008
ISBN: 978-3548372327

Alister McGrath und Joanna Collicutt McGrath
Der Atheismus-Wahn
Gerth Medien, 2007
ISBN: 978-3865912893

Klaus Müller
Gott erkennen. Das Abenteuer des Gottesbeweises
Topos Plus, 2001
ISBN: 978-3786784050

Luis Eduardo Hoyos
Der Skeptizismus und die Transzendentalphilosophie: Deutsche Philosophie am Ende des 18. Jahrhunderts
Alber, 2008
ISBN: 978-3495482650

Josef Rattner und Gerhard Danzer
Existenzphilosophie: Denkmode oder bleibende Aktualität?
Königshausen & Neumann, 2008
ISBN: 978-3826039607

David Bohm und F. David Peat
Das neue Weltbild. Naturwissenschaft, Ordnung und Kreativität.
Goldmann Wilhelm GmbH, 1991

Jörg Albertz (Hrsg.), Witigo Stengel-Rutkowski und Ossip K Flechtheim
Perspektiven und Grenzen der Naturwissenschaft
Freie Akademie, 1980
ISBN: 3923834004

Stefan Hradil
Soziale Ungleichheit in Deutschland
Vs Verlag, 2001
ISBN: 978-3810030009

Wilhelm Schwarz
Denker über Staat und Politik. Staatspolitische Quellentexte
Hirschgraben Verlag, 1966

Oswald Metzger
Die verlogene Gesellschaft
Rowohlt Berlin Verlag GmbH, 2009
ISBN: 978-3871346248

Niklas Luhmann und Detlef Horster
Die Moral der Gesellschaft
Suhrkamp, 2008
ISBN: 3518294717

Ulrich Wickert
Die Zeichen unserer Zeit: Was ist aus Freiheit, Gleichheit, Brüderlichkeit geworden?
Piper, 2005
ISBN: 978-3492243681

Wilhelm Reich
Die Massenpsychologie des Faschismus
Marixverlag, 2005
ISBN: 978-3865390288

Jürgen Nautz
Die großen Revolutionen der Welt
Marixverlag, 2008
ISBN: 978-3865399359

Vera Linß
Die wichtigsten Wirtschaftsdenker
Marixverlag, 2007
ISBN: 978-3865399229

Ange Zhang
Rotes Land, Gelber Fluss: Eine Geschichte aus der chinesischen Kulturrevolution
Hanser, 2007
ISBN: 978-3446209084

Andres Veiel
Der Kick: Ein Lehrstück über Gewalt
Goldmann, 2008
ISBN: 978-3442155194

Dieses Buch wurde erstmals im Januar 2010 veröffentlicht.